MARLIS WEBER

Mit Vollkorn kochen

WALTER HÄDECKE VERLAG · WEIL DER STADT

Ich danke an dieser Stelle Familie Zorn – Reformhaus Zorn, Bremen – sehr herzlich für die Anregungen zu diesem Buch.
Weiterhin den Firmen Neuform Import und Braun für die Bereitstellung von Waren und Geräten.

2. Auflage

ISBN 3-7750-0106-9

Farbtafeln und Einbandfoto: Studio Gerlach, Frankfurt/Main. Textillustrationen auf Seite 10 und 24/25: Monika Graff. Alle übrigen Illustrationen aus Theodori Zuingeri, Theatrum Botanicum oder Vollkommenes Kräuterbuch, Hans Jacob Bischoffs MDCCXLIV, mit freundlicher Genehmigung der Zentralbibliothek Zürich.

 Printed in Germany. Satz: deridruck, Magstadt. Druck: W. Röck, Weinsberg.

Inhaltsverzeichnis

Sesam

Vorwort

Es ist noch gar nicht so lange her, da galt eine Graupensuppe als einfaches »Arme-Leute-Essen«, Buchweizenpfannkuchen konnte man bestenfalls auf abgelegenen Almhütten oder alten Bauernhöfen finden, und alles was aus Haferflocken zubereitet wurde – Weihnachtsgebäck ausgenommen –, wurde vielleicht noch als meist ungeliebte Krankenkost akzeptiert. Das war kein Wunder, wußte doch kaum noch jemand, wie man Getreidegerichte wirklich schmackhaft zubereitet.
In jüngerer Zeit hat sich die Szene grundlegend geändert. Der Trend zu Getreidegerichten aus »echtem Schrot und Korn« ist stark wie nie. Viele Menschen erkennen, welcher Wert im vollen Korn steckt und wie wertlos die reinen Weißmehlprodukte sind.
Seit Erscheinen meines Vollkornbackbuchs werde ich immer wieder nach neuen Rezepten für die Getreideküche gefragt, und daher entschloß ich mich, dem *Back*buch ein Vollkorn-*Koch*buch zur Seite zu stellen, das als zweiter Band die Rezepte des ersten ergänzen soll.
Bei meinen Recherchen stieß ich auf uralte Gerichte, die das tägliche Brot, besser der tägliche Brei, unserer Ururahnen waren und die dann allmählich

in Vergessenheit gerieten. Es war höchste Zeit, diese alten Küchengeheimnisse neu zu entdecken und auf die Verhältnisse der modernen Küche zu übertragen. Ich muß gestehen, daß ich dabei vollends zum »Getreide-Fan« geworden bin. Oft war ich selbst überrascht, wie köstlich und »urwüchsig« die erprobten Gerichte schmeckten.

Die Zubereitung ist in den meisten Fällen ausgesprochen einfach. Auch wer noch wenig Kocherfahrung hat, kann sich an die Rezepte wagen. Ich hoffe, bei vielen Leserinnen und Lesern das Interesse für die vielfältigen Zubereitungsmöglichkeiten von Getreide neu geweckt oder vertieft zu haben und wünsche

guten Appetit mit Getreide!

Marlis Weber

Vom Ursprung des Getreides bis zur Neuzeit

Zweifellos war Getreide die Urnahrung der Menschheit. Seine Geschichte läßt sich zurückverfolgen bis weit vor Christi Geburt. Schon in den frühen Tagen der Menschheit wurde es wie ein Heiligtum verehrt, wurde es als Heilmittel angewandt, als Zahlungsmittel eingesetzt, und römische Legionäre bewiesen, daß sich mit einem Säckchen Vollkorn und einer Mühle ein Weltreich erobern läßt.
Bis heute ist Getreide bei nahezu allen Völkern der Erde die Grundlage der Ernährung.
Unter Getreidekörner versteht man die Frucht bestimmter Gräser. Die vielen verschiedenen Arten, die wir heute kennen, haben sich erst im Laufe der Jahrtausende hauptsächlich durch Züchtungen entwickelt. So ist heute in Ostasien und Indien der Reis, in weiten Teilen Mittel- und Südamerikas der Mais, in Europa Weizen und Roggen die vorherrschende Getreideart.
Bis zum Mittelalter kochte man Mus und Breie und backte Fladen. Triebmittel, um Brot herzustellen, kannte man noch nicht.
Mit Beginn der Neuzeit setzte eine Entwicklung ein, die immer mehr von diesen Gerichten wegführte, was zum Teil auch an der Einführung von Kartoffeln lag. Als man später die Brotbacktechnik beherrschte wurde die Entwicklung noch verstärkt.

Es ging dann soweit, daß man Menschen auf die Vorzüge einer Vollgetreidenahrung erst wieder aufmerksam machen mußte. Leidenschaftliche Kämpfer dafür waren Pfarrer Kneipp, Dr. Bircher-Benner und Prof. Kollath, die auch immer wieder auf den starken Eingriff in die Ernährung durch die Hochmüllereien und die damit verbundene Wertminderung des Getreides hingewiesen haben.
Erfreulicherweise spüren gerade junge Leute immer mehr, daß wir in der Ernährung in mancher Hinsicht in die Irre gegangen sind und uns beim Essen und in der Küche wieder vernünftiger verhalten müssen. Sie haben die Erfahrungen selbst gemacht, daß sie sich wohler fühlen und leistungsfähiger sind, nachdem sie auf herkömmliche Vollkornnahrung zurückgekommen sind.
Schon die Grundschüler in der ersten Klasse merken, daß sie nach einem vollwertigen Müsli oder Porridgefrühstück konzentrierter lernen können und ihr Arbeitspensum besser schaffen.
Auch Erwachsene sollten dies befolgen und zusätzlich öfter Getreidegerichte in den Speiseplan einbauen. Wie köstlich ist beispielweise eine deftige Graupensuppe oder wie herzhaft sind Grünkernbratlinge zu einer Rohkostplatte, oder wie lecker schmecken Waffeln und Pfannkuchen aus Maismehl oder Roggenschrot und wie sättigend sind Salate aus ganzen Körnern! Warum also nicht den Reichtum des vollen Kornes ausnutzen und dazu noch leckere, gut sättigende und preisgünstige Mahlzeiten bereiten?
Es ist weder altmodisch noch versponnen, Rezepte zum Kochen oder Backen aus Vollkorn kennenzulernen – sondern vernünftig, sinnvoll und sehr aktuell.

Inhaltsstoffe von Getreide

»Das Korn stellt in seiner geschlossenen, harmonisch ausgewogenen Ganzheit ein natürliches Gebilde dar, das vielleicht die vollkommenste Nahrung ist, die die Natur uns bieten kann.«

Prof. W. Kollath

Getreidekörner sind wunderbare Schöpfungen der Natur und es steht außer Frage, daß sie und die daraus hergestellten »Vollkornprodukte« einen ganz wesentlichen Teil zur Gesunderhaltung beitragen können.

Zunächst ist das Korn von einer *Holzfaserhülle* umgeben, die lediglich eine Schutzfunktion ausübt.

Dann kommt die wasserfeste *Samenschale,* die aus Zellulose, Keimzellulose, etwas Eiweiß und Mineralstoffen besteht.

Die Aleuronschicht mit ihren wabenförmigen Zellen ist Nährstoffreserve und äußere Zellschicht des Mehlkerns. In hohem Maße enthält sie Eiweiß, Fett, Lezithin, Mineralstoffe und Vitamine. Bei der Weißmehlherstellung wird diese Schicht bereits entfernt.

Der Keimling mit den Schildchen, auch von der Samenschale umschlossen, besitzt als Träger der Lebensfunktionen einen hohen Gehalt an Enzymen, Vitaminen, Mineralstoffen und Spurenelementen.

Am stärkereichsten ist der *Mehlkern,* der sich im Innern befindet. Er enthält das Kelbereiweiß. Mineralstoffe und Vitamine sind kaum vorhanden.

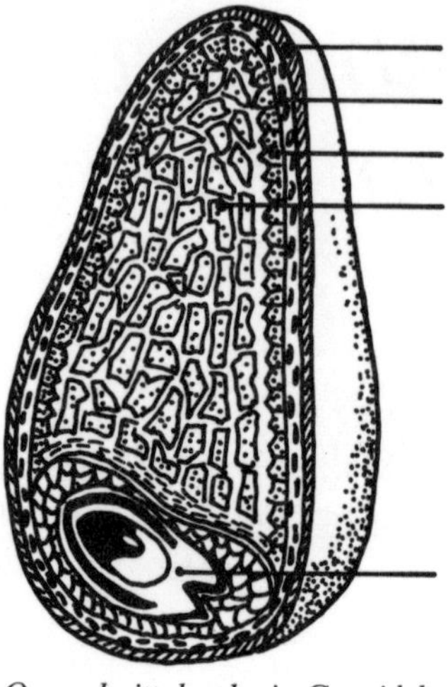

Querschnitt durch ein Getreidekorn

Kohlenhydratversorgung durch Getreide

Getreide enthält durchschnittlich 70 – 80 % Kohlenhydrate. Davon entfällt ein großer Teil auf *Stärke.* Sie ist in unbehandelter Form nicht oder sehr schwer verdaulich und wird erst durch Quellen, Dörren, Kochen oder Backen den Verdauungsenzymen zugänglich.

Es ist günstig, sich Kohlenhydrate durch Getreide zuzuführen. Einmal kommen sie in Begleitung von Vitaminen und Mineralstoffen, zum anderen belasten sie den Körper durch längeren Abbau zu Glucose und dadurch langsamen Blutzuckeranstieg nur wenig.

Ca. 7 % der Kohlenhydrate faßt man unter dem Begriff *Ballaststoffe* zusammen. Es sind unverdauliche, wasserlösliche Substanzen, die sich durch ein hohes Quellvermögen auszeichnen. Sie üben aufgrund dieser physikalischen Eigenschaft einen Dehnungsreiz auf die Darmwand aus und unterstützen somit die Arbeit des Verdauungstraktes. Das Stuhlgewicht und Stuhlvolumen nimmt zu, während die Darmpassagezeit abnimmt.

Eiweißversorgung

Getreide spielt bei der Eiweißversorgung eine wichtige Rolle, da es durchschnittlich 20 % und mehr des Tagesbedarfs deckt.
Nach den Kohlenhydraten nimmt Eiweiß mit einem Anteil von 10 – 12 % den zweiten Platz unter den Inhaltsstoffen ein. Die Eiweißwertigkeit ist in den einzelnen Getreidesorten sehr unterschiedlich und liegt durchschnittlich unter denen der wichtigen tierischen Eiweißträger. Sie kann jedoch in Kombination mit Protein aus anderen Nahrungsmitteln sehr gesteigert werden.

Fettversorgung

Fett kommt insgesamt nur in geringen Mengen vor. Vom Gesamtgewicht macht es 1 – 2 % aus und sitzt vorwiegend im Keimling. Es besteht hauptsächlich aus hochungesättigten Fettsäuren und als Fettbegleitstoff finden wir Lezithin.

Vitaminversorgung

In der heute üblichen Ernährung liegt offenbar die größte Schwierigkeit in der Vitamin-B_1-Versorgung. Eindeutige Untersuchungen deuten darauf hin, daß größere Menschengruppen, vorwiegend ältere Menschen und Kinder mit diesem Vitamin unterversorgt sind. Auch bei der Versorgung mit Vitamin B_2 zeichnet sich eine Gefahr ab.
Die Vitamine der B-Gruppe sind wie alle essentiellen Nährstoffe von großer Bedeutung. Sie spielen eine wesentliche Rolle beim Kohlenhydratstoffwechsel im Organismus. Je mehr Kohlenhydrate also in einer Nahrung vorhanden sind, desto höher ist der Vitamin-B_1-Bedarf.
Deshalb ist es wichtig, daß häufig Kohlenhydrate durch Vollkorngetreide mit hohem Vitamin-B-Gehalt verzehrt werden und selten Kohlenhydrate in Form von Zucker und Süßigkeiten ohne essentielle Begleitstoffe.
Neben den Vitaminen der B-Gruppe ist noch der

Gehalt an Vitamin E und Karotin zu erwähnen. Während Vitamin A und D nur in unwesentlichen Mengen vorkommt.

Mineralstoffversorgung

Die Mineralstoffe sitzen, ähnlich wie die Vitamine, vorwiegend im äußeren Bereich des Korns und machen 1,5 – 2 % des Gesamtgewichtes aus. Durch eine Ernährung mit Vollkornprodukten liegt im Gegensatz zur Versorgung mit Weißmehlprodukten die Zufuhr von Mineralstoffen, wie Kalium, Kalzium, Phosphor, Magnesium, Eisen, Mangan u. a. wesentlich höher.

Zusammenfassung

Getreideerzeugnisse können einen wesentlichen Beitrag zur gesunden Ernährung leisten. Dies ist allerdings nur der Fall, wenn sie in möglichst unveränderter oder nur geringfügig veränderter Form gegessen werden.
Beim Schälen und Polieren mancher Getreidesorten und beim Vermahlen zu einem blütenweißen Mehl gehen die in den Randschichten und im Keimling vorhandenen Ballaststoffe und ein großer Teil der Vitamine und Mineralstoffe verloren.
Die benötigte Nahrungsmenge ist in den letzten Jahrzehnten durch geringer gewordenen Energiebedarf unserer Bevölkerung immer kleiner geworden. Dadurch natürlich auch der Mengenanteil an Grundnahrungsmitteln, wie Brot. Die Versorgung mit den getreidetypischen Inhaltsstoffen ist dadurch offensichtlich nicht mehr gewährleistet und deshalb empfiehlt es sich, wieder mehr Vollkorn und Vollkornprodukte in die tägliche Nahrung einzubringen.

Geräte für die Vollkornküche

Neben Geräten des normalen Haushaltes sollte man für die Zubereitung von Getreide folgende Geräte besitzen oder sie nach und nach anschaffen:

GETREIDEMÜHLEN

Wer gerne und oft bäckt und auch sonst häufig Getreide verarbeitet, tut gut daran, sich eine Getreidemühle zu kaufen. Die Mengen können genau für den jeweiligen Bedarf bestimmt werden, Mehl und Schrot sind immer frisch und die Inhaltsstoffe der vollen Körner bleiben erhalten.
Bevor man sich allerdings für eine Mühle entscheidet, sollte man die wichtigsten Merkmale verschiedener Fabrikate kennen und sich auf jeden Fall in guten Fachgeschäften oder Reformhäusern beraten lassen.
Weizen, Roggen, Grünkern, Nackthafer, Hirse, Gerste, Naturreis und Buchweizen können praktisch in jeder Getreidemühle gemahlen werden. Für Mais und Samenfrüchte benötigt man spezielle Mühlen.
Wichtig ist, daß die Körner gut trocken sind. Es empfiehlt sich sogar, sie vorher kurz in den Backofen zu legen.
Durch Einstellung des gewünschten Feinheitsgrades kann man Getreide grob schroten (das geht schneller) und fein schroten (was entsprechend mehr Zeit in Anspruch nimmt).

Über elektrischen oder manuellen Betrieb entscheidet sicher nicht nur der Preis, sondern auch die im Haushalt benötigte Mehl- oder Schrotmenge. Die klassische und teurere Getreidemühle arbeitet mit Naturmahlsteinen, während die preisgünstigere mit Stahlmahlwerk ausgestattet ist. Über Vor- und Nachteile ist man sich nicht einig, denn sicher ist die Art des Mahlwerks nicht so entscheidend wie die Frische des zu verarbeiteten Mehles.

Handmühlen

Es gibt sie mit Mahlsteinen und mit Stahlmahlwerken zum Anschrauben an einer Tischplatte. Die Mahlleistung beträgt pro Minute je nach Feinheitsgrad zwischen 30 – 80 Gramm. Wenn größere Mengen oder sehr feines Mehl benötigt werden, ist dies jedoch sehr anstrengend und zeitaufwendig.

Elektrische Mühlen

Die Elektromühlen gibt es ebenfalls mit Mahlsteinen. Sie sind einfach zu bedienen und erbringen eine Mahlleistung von 150 – 200 g pro Minute. Diese teurere Investition lohnt sich, wenn man größere Mengen benötigt.

Getreidemühlen als Zusatzgeräte

Küchenmaschinen und Fleischwölfe werden von fast allen führenden Herstellern mit Zusatzgeräten (Stahlmahlwerk) angeboten. Die Mahlleistung beträgt pro Minute ca. 50 – 150 g, die Bedienung ist ebenfalls sehr einfach. Wenn eine Küchenmaschine bereits vorhanden ist, sollte man diese Möglichkeit überlegen.

KEIMSCHALEN UND KEIMAPPARAT

Gesundes und ungeschädigtes Getreide keimt immer, wenn es mit Feuchtigkeit und Wärme in Berührung kommt.
Eine einfache Methode das Getreide zum Keimen zu bringen ist, die Körner in einen tiefen Teller zu geben und dafür zu sorgen, daß sie immer im Wasser liegen. Mit einem Tuch abdecken und bei mindestens Zimmertemperatur aufbewahren.
Die Gefahr, daß Getreide schimmelt, weil es zu naß liegt, und die Gefahr, daß es nicht keimt, weil es zu trocken liegt, ist dabei groß.

Keimapparate

Günstiger sind Keimapparate (»Bio Snacky«). Sie bestehen aus Keimschalen (3 Stück), Auffangschale, die aufeinandersetzbar sind und Deckel.
Wenn das Getreide (1 – 2 Eßl. pro Schale) auf die Keimschalen verteilt ist, gißt man in die obere ca. $^1/_2$ l lauwarmes Wasser. Der feinrillige Boden nimmt eine gewisse Menge Flüssigkeit auf, der Rest fließt langsam durch ein Ventil in die nächste, um sich zum Schluß in der Auffangschale zu sammeln. Die obere Schale ist mit dem Deckel geschlossen.
Das Getreide liegt durch die Rillen zwar feucht, aber niemals naß.
Bis die Körner verwendbar sind, sollte der weiße Keimling sichtbar und das Korn zwischen Daumen und Zeigefinger quetschbar sein. Bei Roggen, Weizen und Hafer (ebenfalls bei Sojabohnen) dauert dies ca. 3 Tage.
Man schafft sich durch »Selbstkeimen« eine gute Möglichkeit, wertvolle und leichtverdauliche Getreidenahrung immer in roher Form essen zu können.

DAMPFTOPF – DER SCHNELLE TOPF

Der Dampfdrucktopf hat viele Vorteile und, wenn man richtig damit umgeht, kaum Nachteile. Der Anschaffungspreis eines guten Dampfdrucktopfes (z. B. von Fissler) ist zwar recht hoch, doch zahlt es sich schnell aus, was an Zeit und Energie gespart wird.

Energie sparen

Das Schnellkochen beruht auf leichtem Überdruck. Der entstehende Dampf wird dadurch heißer als 100°. Auf dem Deckel befindet sich ein Ventil mit Druckanzeiger, der genau angibt, wann die Kochzeit beginnt und ob die Temperatur gleich bleibt. Auf keinen Fall darf der Topf zu heiß werden, deshalb sofort nach dem Ankochen Gas oder Strom zurückschalten. Eine ausgewogene Energiezufuhr kann zuviel Druck verhindern.

Üblicherweise wird der Dampftopf vorwiegend zum Garen großer Fleischstücke verwendet. Aber auch für Kartoffeln, Gemüse und vor allem für Getreidegerichte eignet er sich vorzüglich. Da man durchschnittlich nur ein Drittel der üblichen Garzeit braucht, ist er gerade beim Kochen von ganzen Roggen- und Weizenkörnern von großem Vorteil.

Die Körner oder Graupen werden je nach Rezept im Topf vorbereitet, dann mit dem Deckel vorschriftsmäßig verschlossen und, wie schon beschrieben, nach dem Ankochen auf die kleinste Stufe zurückgeschaltet.

Topf öffnen

Um den Topf zu öffnen, muß auf jeden Fall der Dampf heraus. Dies ist zu erreichen durch langsames »Dampfablassen« am Regler oder durch langsames »Ausdampfen« an kühler Stelle. (Bei Getreide ist diese Methode übrigens günstiger.)

An einem Zusatzventil kann geprüft werden, ob der Druck weg ist, und nur dann lassen sich die Griffe mühelos lösen. *Auf keinen Fall gewaltsam öffnen!*

DIE GUTE ALTE KOCHKISTE

Oft wird sie belächelt, manchmal sogar bespöttelt oder mit Unkenntnis bestaunt – aber sie ist wieder im Kommen.
Wer häufig Getreidespeisen zubereitet, sollte sich unbedingt eine Kochkiste anschaffen bzw. selbst basteln. Sie spart Energie, verhindert lästiges Anbrennen und macht manche Gerichte sogar schmackhafter.

Eigenbau

Jede beliebige Holzkiste (Kartoffelkiste, Apfelsinenkiste oder Einbauelement mit Deckel) kann als Kochkiste benutzt werden.
Es sollte ein großer Topf oder evtl. auch eine Pfanne mit Stiel hineinpassen und außerdem genügend Platz für wärmeisolierendes Material vorhanden sein. Ohne Kostenaufwand kann man dazu Papier oder alte Wolldecken benutzen. Besser geeignet allerdings ist Styropor oder spezielle Isolationsfolie, die auch zum Dachausbau verwendet wird, womit die Kiste ausgeschlagen (möglichst doppelt) und gleichzeitig der Topf mit abgedeckt wird.
Zur Dekoration kann alles innen und außen mit bedrucktem Stoff gefüttert und bespannt werden.
Wichtig ist, daß das Getreide je nach Rezept auf dem Herd angekocht, mit dem Deckel gut verschlossen und sofort in die Kochkiste hineingestellt und gut zugedeckt wird.

Garzeiten

Weizengrieß, Maisgrieß und Schrot brauchen beispielsweise ca. 30 – 45 Minuten, Hirse ca. 50 – 60 Minuten, Reis ca. 60 – 75 Minuten und Weizen und Roggenkörner ca. 90 – 120 Minuten.
Da der Hauptanteil an wertvollen Inhaltsstoffen im Getreide hitzestabil ist und sich küchentechnisch keine Nachteile ergeben, kann die Zeit auch ausgedehnt werden.
Berufstätige Frauen können das Getreide nach dem Frühstück in die Kochkiste geben, um es zum Mittagessen zu servieren. Wichtig ist eine sehr gute Isolation und die zu dem Topf passende Menge. Kleine Mengen in zu großen Töpfen kühlen schneller aus.

PUDDINGFORM UND AUFLAUFFORM

Als Pudding wird bei uns fälschlicherweise ein Flammerie bezeichnet, denn richtige Puddingrezepte werden heute kaum mehr zubereitet.
Im anschließenden Rezeptteil sind einige Puddings zu finden, weil sich gerade Getreide für diese süßen oder pikanten Rezepte sehr gut eignet. Nötig ist dazu eine verschließbare Puddingform aus Metall oder Jenaer Glas.

Einfüllen

Wichtig ist, daß sie immer gefettet und manchmal noch mit Semmelbröseln ausgestreut wird. Beim Einfüllen muß darauf geachtet werden, daß die Puddingmasse nicht ganz bis zum Rand reicht, da sie sich beim Kochen noch ausdehnt.
Wenn die Form geschlossen ist, kommt sie bis kurz unterm Rand in einen Topf mit kochendem Wasser

(heißes Wasserbad) und muß je nach Größe zwischen 50 – 70 Minuten darin leise »köcheln«. (Dafür kann ebenfalls die Kochkiste benutzt werden.) Bevor man den fertigen Pudding stürzt, wird er kurz unters kalte Wasser gestellt, damit er sich besser aus der Form löst.
Um Aufläufe im Backofen zu überbacken, werden *Auflaufformen* aus Jenaer Glas, Porzellan, Ton oder ähnlichem Material benötigt.

ZERKLEINERUNGSGERÄT FÜR GEKOCHTES GETREIDE

Bestimmte Rezepturen gelingen besser, wenn das Getreide im Ganzen gekocht und erst dann zerkleinert wird. Beispielsweise bei Puddings, Bratlingen und Klößen. Ein neues Gerät auf dem Markt eignet sich gut dafür (Multiquik/Braun oder Moulinette), weil das Getreide trotz starker Zerkleinerung sehr locker bleibt und sich dadurch gut weiterverarbeiten läßt.

Resteverwertung

Auch Resteverwertung kann attraktiv sein, wenn beispielsweise körniger Reis oder Hirse zerkleinert und weiterverarbeitet werden, als Fülle oder Frikadellen.
Nicht zuletzt ersetzt ein solches Gerät zumindest bei »Anfängern« die noch nicht vorhandene Getreidemühle.

Auswahl und Lagerung von Getreidekörnern, Schrot und Mehl

Wenn sich im Haushalt eine Getreidemühle befindet, empfiehlt es sich, in jedem Falle ganze Körner zu kaufen.

Obwohl verpackte Ware teurer ist als lose, sollte man sich dennoch dafür entscheiden. Auf Packungen ist die Herkunft und der Lieferant angegeben und dadurch auch Anbaumethode und Kontrollsystem herauszufinden (z. B. neuform-Qualität im Reformhaus). Der Verbraucher hat dadurch Gewißheit über die Qualität der Rohware.

Die Körner sollten beim Einkauf »frisch« riechen, die Oberfläche glänzen und die Farbe »einheitlich« sein.

Gesundes Getreide kann mehrere Jahre gelagert werden, wenn der Feuchtigkeitsgehalt gering (unter 15 %) und die Lagerbedingungen (auch im Haushalt) luftig und kühl sind.

Ein wichtiges Merkmal für die Qualität und sachgemäße Lagerung des Getreides ist die Keimfähigkeit.

Auch Schrot und Mehl sollten abgepackt gekauft werden (es sei denn der Müller ist bekannt und genießt Vertrauen). Es sollte jedoch immer Mehl mit hohem Ausmahlungsgrad und hoher Typenzahl

wegen des höheren Mineralstoff-, Vitamin- und Ballaststoffgehaltes bevorzugt werden.
Durch die Zerkleinerung und starke Oberflächenvergrößerung bei Schrot kann Sauerstoff einwirken und es bilden sich bitterschmeckende ranzige Substanzen. Die Haltbarkeit ist relativ kurz. Deshalb empfiehlt es sich, Getreide frisch zu schroten oder nur kleinere bedarfsgerechte Mengen zu kaufen, die im Kühlschrank aufbewahrt werden sollen. Bei regelmäßigem Verbrauch lohnt es sich, auch aus preislichen Gründen, Getreideschrot portionsweise einzufrieren.
Dies gilt auch für Mehl mit hoher Typenzahl.

Zubereiten von Getreide

Um Getreide verzehrfähig, schmackhaft und gut verdaulich zu machen, muß es in irgend einer Form zubereitet werden. Dabei gibt es, außer wenn es bereits als Flocken oder Schrot gekauft ist, verschiedene Möglichkeiten.

Quellen

Um das Getreidekorn weicher zu machen und die darin enthaltene Stärke für die Verdauung vorzubereiten, muß es zumindest einige Stunden quellen. Das Getreide wird dazu mit Wasser (niemals Milch) bedeckt und ca. 12 Stunden im Kühlschrank aufbewahrt – die Körner sollten leicht bauchig sein. Es können dann kleine Mengen ins Müsli oder in Salate eingearbeitet werden.

Trocknen oder Dörren

Man gibt die Getreidekörner (evtl. auch Schrot und Flocken) auf ein ungefettetes Backblech und schiebt es bei 70° ca. 30 Minuten in den Backofen bei leicht geöffneter Backofentür. Das Getreide färbt sich dabei gelblich, bekommt einen sehr aromatischen nußartigen Geschmack (es darf jedoch keinen Röstgeschmack aufweisen) und wird leichter bekömmlich. Durch das beim Dörren entstehende Dextrin wird es außerdem länger haltbar (dies ist bei Schrot von Bedeutung).
Viele Gerichte werden durch vorhergehendes Dörren der Getreidekörner schmackhafter und hochwertiger in ihrer Beschaffenheit.

Es gibt auch einen speziellen Dörrapparat: auf ein Untergestell mit Heizspirale kann man runde Drahtsiebe stapeln und so Getreide aber auch Früchte und Kräuter, sowie Gemüse und Pilze dörren bzw. trocknen.

Kochen

Um die Garzeit zu verkürzen, sollten zumindest Weizen, Roggen, Gerste und Haferkörner ebenfalls ca. 1 – 2 Stunden vorgequollen werden.
Getreidekörner sollten immer (Ausnahme, wenn Schleim gekocht werden soll) ins kochende Wasser hineingegeben, oder mit kochender Brühe übergossen werden. Dann kocht man das Gericht einmal auf und läßt es bei kleiner Flamme und geschlossenem Topfdeckel garen.

GARZEITEN DER WICHTIGSTEN GETREIDEPRODUKTE

Buchweizen ganz	40 Minuten
Buchweizengrütze	15 – 20 Minuten
Gerstenkörner	20 Minuten
Gerstengraupen	20 Minuten
Grünkern ganz	40 – 50 Minuten
Grünkernschrot	15 Minuten
Hafergrütze	20 Minuten
Haferflocken grob	15 – 20 Minuten
Hirse ganz	15 – 20 Minuten
Hirseflocken	5 Minuten
Maiskörner ganz	50 – 60 Minuten
Maisgrieß	5 – 10 Minuten
Naturreis ganz	30 Minuten
Roggenkörner ganz	40 – 50 Minuten
Weizenkörner ganz	50 Minuten
Weizenschrot	10 Minuten

DURCHSCHNITTLICHE ZUSAMMENSETZUNG DES GETREIDES IN PROZENT*

	Eiweiß	Fett	Kohlenhydrate	Rohfaser	Mineralstoffe	Kalorien je 100 g	Joule je 100 g
Buchweizen, geschält. Korn	9,8	1,8	72,4	1,6	1,7	364	1492
Gerste, entspelzt, ganz. Korn	10,6	2,1	71,8	1,6	2,3	370	1517
Grünkern (Dinkel, Spelz)	11,6	2,7	69,4	1,8	2,0	369	1513
Hafer, entspelzt, ganz. Korn	12,6	7,1	62,9	1,6	2,9	387	1587
Haferflocken	13,8	6,6	66,2	1,4	1,7	402	1648
Hirse, geschältes Korn	10,6	3,9	70,7	1,1	1,6	382	1566
Mais, ganzes Korn	9,2	3,8	71,0	2,2	1,3	375	1437
Reis, unpoliert	7,4	2,2	75,4	0,7	1,2	371	1521
Reis, poliert	7,0	0,6	78,7	0,2	0,5	368	1508
Roggen, ganzes Korn	11,6	1,7	69,0	2,1	1,9	359	1472
Weizen, ganzes Korn	11,7	2,0	69,3	2,0	1,8	363	1428

* Aus: Souci-Fachmann-Kraut, Nährwert-Tabelle

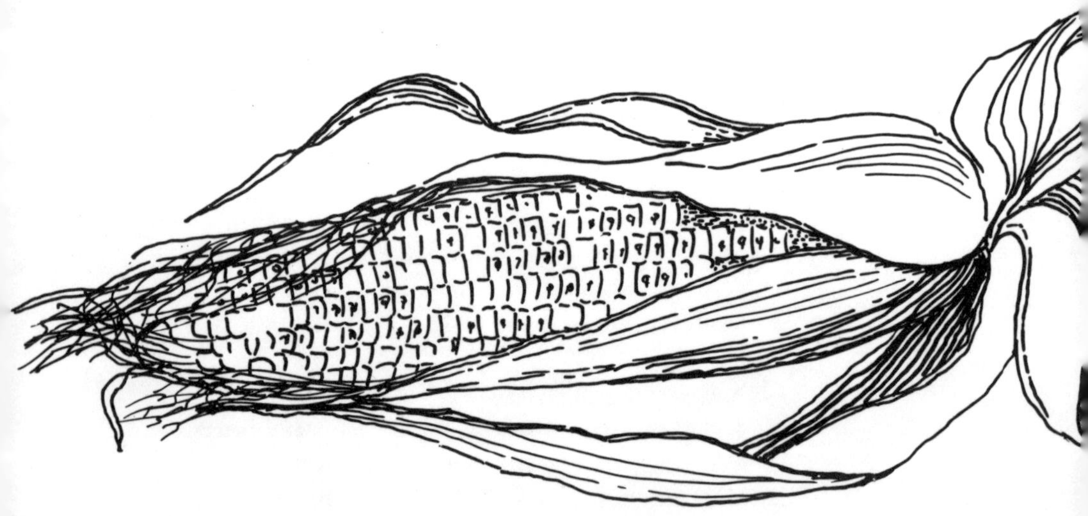

Zu den Rezepten

Die meisten Rezepte sind einfach in ihrer Zusammenstellung und deshalb leicht zuzubereiten. Nur wenige Dinge müssen beachtet werden, um schmackhafte, gut sättigende, für den Körper wertvolle und dazu noch preisgünstige Gerichte herzustellen.

- Es sollte gute und einwandfreie Ware bevorzugt gekauft und vorschriftsmäßig gelagert werden.
- Sollen Körner und Schrot roh verarbeitet werden, müssen sie entweder vorgequollen oder »gedörrt« werden.
- Beim Garen von Ganzgetreide muß der Topf groß genug sein, weil es sich beim Quellen ausdehnt.
- Grundsätzlich benötigt man dazu die 2 – 3fache Flüssigkeitsmenge, die schon vorher mit Gewürzen abgeschmeckt sein sollte, um nachher unnötiges Rühren zu vermeiden.
- Nach hoher »Ankochtemperatur« ist es ratsam, die Hitze stark zu drosseln, den Topf zuzudekken und die Körner ausquellen zu lassen (oder Kochkiste zu benutzen).
- Wenn Getreide im Haushalt selbst gemahlen wird, lohnt es sich, Prospekte verschiedener Getreidemühlen anzufordern.
- Die angegebenen Mengen beziehen sich immer auf Rohware.

Da Getreide aufgrund der hohen Nährstoffdichte eine »Kompaktnahrung« ist, benötigt man relativ kleine Mengen, um dem Körper Energie zuzuführen und um satt zu werden.

Die anschließenden Rezepturen sind deshalb mit wenigen Ausnahmen (auch Suppen und Eintöpfe) als Hauptgericht oder als Beilage zu kalorienarmen Salaten gedacht.

MENGEN, MASSE UND GEWICHTE

Für jeden Haushalt ist eine Küchenwaage und ein Meßbecher sehr wichtig, doch nicht für alle Gerichte werden sie benötigt. Manchmal sind die Mengen zu klein und das Abmessen mit Teelöffeln, Eßlöffeln oder Messerspitze deshalb praktischer. Flüssigkeit, Mehl, Schrot und Körner lassen sich gut und schnell mit Tassen abmessen.
Die Angaben können allerdings nur als Mittelwerte angesehen werden, da Teelöffel, Eßlöffel, Tassen usw. nicht genormt sind.

Gebräuchliche Maße für Lebensmittel

	ca.
1 Tasse Getreide, ganze Körner	150 g
1 Tasse Mehl	100 g
1 Ei	60 g
1 Eigelb	40 g
1 Päckchen Backpulver	18 g
1 Teel. Backpulver	5 g
1 Würfel Hefe	40 g
1 Eßl. Haferflocken, Schrot	15 g
1 Eßl. Leinsaat	20 g
1 Eßl. Kleie	10 g
1 Eßl. Mehl	20 g
1 Eßl. Honig	10–15 g
1 Eßl. Quark	20 g
1 Eßl. Zucker	10 g
1 Becher Sauermilch	150 g

Mengenbedarf pro Person

	ca.
Getreidekörner als Hauptgericht	60–70 g
Getreidekörner als Beilage	45–50 g
Getreidekörner als Salatgrundlage	30 g
Getreidekörner oder Graupen als Suppeneinlage	25–30 g
Getreidekörner für Bratlingsmasse	40 g
Getreidekörner gekeimt für Müslis	20 g
Schrot für Müslis	25–30 g
Schrot für Brei	40–45 g
Flocken für Müsli	30 g
Flocken für Brei	40 g
Mehl für Pfannkuchen und Waffeln	50 g
Nudeln als Hauptgericht	80 g
Nudeln als Beilage	60 g

Sofern im Rezept nicht anders angegeben, gelten die Zutaten für 4 Personen.

Abkürzungen

Eßl.	=	Eßlöffel – ca. 10-20 g fester Stoff oder 15–20 g Flüssigkeit
Teel.	=	Teelöffel – ca. 5–6 g fester Stoff oder 4–7 g Flüssigkeit
kg	=	Kilogramm
g	=	Gramm
l	=	Liter – 1 Liter – 1000 Milliliter (ml) – 100 Zentiliter (cl) – 10 Deziliter (dl)
1 Tasse	=	ca. 8 Eßlöffel – 1/8 Liter
100 g	=	100 Milliliter (ml) – 10 Zentiliter (cl) – 1 Deziliter (dl)
100 ml	=	100 Kubikzentimeter, veraltete Bezeichnung.

Die Herstellung von Getreideschleim

Wenn Schrot, Graupen, Grütze oder Flocken in reichlich Flüssigkeit gegart werden, so daß sie abgegossen werden müssen, empfiehlt es sich, diese aufzufangen und als Grundlage für Suppen und Getränke zu verwenden.

Entschlackungskuren mit Getreide

7-KÖRNER-KUR

Diese Kur ist für 1 Woche gedacht und sollte (muß aber nicht) jeden Tag mit einer anderen Körnersorte durchgeführt werden. Durch den Reichtum an essentiellen Nähr- und Ballaststoffen im Getreide wird der Körper auch bei energieknapper Ernährung in dieser Zeit ausreichend versorgt. Wichtig ist, daß dem Körper viel Flüssigkeit (ca. 1,5 l – 2 l Trinkflüssigkeit) zugeführt wird, die aus Kräutertee und natriumarmen Mineralwasser, nicht aber aus kalorien- und alkoholhaltigen Getränken besteht. Um diese Kur durchzuführen, wird jeden Tag eine bestimmte Menge Körner, Grütze oder Schrot gekocht und aufgeteilt in 3 – 4 Portionen.

Zu besorgen sind:

150 – 200 g Hirse
150 – 200 g Hafergrütze
150 g Naturreis
150 – 200 g Gerstengrütze
150 – 200 g Buchweizengrütze
150 – 200 g Grünkernschrot (grob)
150 – 200 g Weizenschrot (grob)
Gewürze und sonstige Zutaten aus dem Bestand.

Die Mengen gibt es abgepackt in den neuform-Reformhäusern, sie können natürlich auch aus Vorräten genommen werden.

Damit die einzelnen Mahlzeiten nicht fade und langweilig schmecken, können sie mit allen Gewürzen (außer Salz, Meersalz, Vollmeersalz und natriumhaltigen Würzemitteln) frischen Kräutern, natriumarmem Tomatenmark, Meerrettich, Gemüse, Obst, ungesüßtem Kompott sowie Gemüse und Obstsäften (ungesüßt) und Süßstoff (kein Zucker) abgewandelt und abgeschmeckt werden.

Die Reihenfolge, auch die Auswahl der Getreidesorten ist nicht wichtig. Nur – daß die Menge von 200 g pro Tag auf keinen Fall überschritten wird. Unter Hinzurechnung von Gemüse und Obst, der Milch und Sauermilch sollten 1000 kcal (Kilokalorien) / 4000 kj (Kilojaule) pro Tag nicht überschritten werden. Es ist dann mit einer Gewichtsabnahme von 1,5 – 2,0 kg in einer Woche zu rechnen.

VORSCHLÄGE FÜR 1. WOCHE

1. Tag: Naturreis

130 – 150 g Naturreis in $^1/_2$ – $^3/_4$ l Wasser ca. 30 Minuten kochen lassen. Abgießen und in 3 größere und in 1 kleinere Portion teilen.
2 Portionen mit je 100 g kleingeschnittenen oder pürierten frischen oder ungesüßten Dosen-Aprikosen evtl. auch Aprikosensaft vermengen. Die übrigen Portionen mit etwas Magermilch verlängern, mit Zitronensaft, Süßstoff abschmecken und mit viel Zimt bestreuen.
Als 2. Zwischenmahlzeit 1 kleines Glas Buttermilch oder ein Becher Sanoghurt, mager.

2. Tag: Weizenschrot

150 – 170 g grobgeschroteten Weizen in 600 ml kochendes Wasser einlaufen lassen und ca. 15 Minuten ausquellen lassen. In 2 Hälften teilen.
1 kleine Zwiebel, 1 Stange Lauch in ca. 2 Tassen Wasser garen, mit Gemüsebrüheextrakt (salzarm) abschmecken, mit der Hälfte des Schrotbreis vermengen und in 2 Mahlzeiten teilen.
Den Rest mit 1 Tasse Magermilch verdünnen und mit 2 – 3 Eßl. Sanddornkonzentrat abschmecken, wiederum teilen.
Als 2. Zwischenmahlzeit 1 kleine Birne.

3. Tag: Gerstengrütze

150 g Gerstengrütze in 600 ml kochendes Wasser einlaufen und 20 Minuten ausquellen lassen. In 3 größere und 1 kleine Portion teilen.
1 große und die kleine Portion jeweils mit 1 kleinen Glas frischgepreßtem Orangensaft verdünnen und mit 1 Orangenscheibe garnieren.
Die beiden restlichen Portionen mit jeweils 1 kleinen Glas Gemüsesaft verdünnen und mit Hefepaste (Vitam R) abschmecken.
Als 2. Zwischenmahlzeit 1 Becher Sanoghurt, mager.

4. Tag: Grünkernschrot

170 g grobgeschroteter Grünkern in 1/2 – 3/4 l kochendes Wasser einlaufen und ausquellen lassen. in 2 Hälften teilen.
1 kleine Stange Lauch und 2 – 3 Möhren waschen und kleinschneiden. In wenig Wasser dünsten, mit Hefebrühe (Extrakt) abschmecken. Mit einer Hälfte vermengen, teilen und mit viel gehackter Petersilie bestreuen.
Die zweite Hälfte teilen, jeweils mit 1 kleinen Tasse Magermilch vermengen und mit Mandarinenscheiben garnieren.
Als 2. Zwischenmahlzeit gibt es einen kleinen Apfel.

5. Tag: Hirse

150 g ganze Hirse waschen und in 600 ml kochendes Wasser einlaufen lassen. Ca. 20 Minuten ausquellen lassen und in 3 größere und 1 kleine Portion aufteilen.
1 Portion mit $^1/_2$ Tasse Magermilch verdünnen, mit Süßstoff süßen und 1 Apfel hineinreiben.
Zweite und kleine Portion mit 1 – 2 Eßl. Tomatenmark (evtl. 1 – 2 Eßl. Wasser) verrühren und mit viel geschnittenem Schnittlauch bestreuen.
Die letzte Portion mit 1 Tasse Magermilch, Zitronensaft und Süßstoff verrühren. 1 Eßl. eingeweichte Rosinen darüberstreuen.
Als 2. Zwischenmahlzeit 1 Glas Buttermilch.

6. Tag: Hafergrütze

150 g Hafergrütze in $^1/_2$ – $^3/_4$ l kochendes Wasser einlaufen und ca. 20 Minuten ausquellen lassen. In 2 Hälften teilen.
Die 1. Hälfte mit 1 – 2 Tassen Magermilch verdünnen, mit Zitronensaft, Vanillezucker und Süßstoff abschmecken, teilen.
Die zweite Hälfte mit 1 – 2 Tassen, zuvor in Wasser aufgelöster, Gemüsebrühe und mit frischgehackten Kräutern und feingeriebenen rohen Möhren (2 Stück) vermengen, teilen.
Als 2. Zwischenmahlzeit 1 Becher Sanoghurt, mager.

7. Tag: Buchweizengrütze

150 g Buchweizengrütze in 600 ml kochendes Wasser einlaufen und ca. 15 Minuten ausquellen lassen. In 3 größere und 1 kleinere Portion teilen.
2 große Mahlzeiten jeweils mit 1 Tasse Magermilch vermengen und mit 1 – 2 Eßl. Preiselbeeren, ungesüßt, abschmecken. Die dritte und kleine Portion jeweils mit $^1/_2$ – 1 Glas Gemüsesaft vermengen, einmal mit Kräutern der Provence, einmal mit frischen Kräutern bestreuen.
Als 2. Zwischenmahlzeit 1 kleiner Apfel.

REISKUR

Die Reiskur kann einen Tag, ein Wochenende aber auch eine Woche dauern.
Sie kann mit Naturreiskörnern wie bei der Körnerkur durchgeführt werden, aber auch mit Reisflokken (in den Neuform-Reformhäusern als »Reistag«). Hierbei handelt es sich um Vollreis in Flokkenform, die noch alle Bestandteile des Reiskornes enthalten. Als Vorteil ist die sehr kurze Garzeit von nur wenigen Minuten zu erwähnen.
Der beachtliche Gehalt an Kalium und der niedrige Gehalt an Natrium bewirkt eine starke Entwässerung und die geringe Energiezufuhr von 800 – 1000 kcal / 3200 – 4000 kj pro Tag eine gute Abnahme der Fettdepots. Aufgrund der speziellen Herstellung sind diese Reisflocken besonders gut verdaulich und können auch für Entlastungstage bei Verdauungsbeschwerden eingesetzt werden.
Zu jeder Mahlzeit sollten ca. 50 g Reisflocken in knapp $^{1}/_{4}$ l kochendes Wasser, Magermilch oder Gemüsebrühe eingestreut, 1 Minute aufgekocht und nochmals 3 – 4 Minuten ausgequollen werden. Geschmackliche Verbesserung und Abwechslung bringen ungesüßte Obstsäfte, Kompotte, frisches Obst, Gemüsesäfte, frisches gedünstetes Gemüse, Kräuter, Gewürze, Tomatenmark und Meerrettich. Besonders wichtig ist, daß neben den Mahlzeiten genug Flüssigkeit (Kräutertees, Mineralwasser) zugeführt wird, jedoch aber kein Salz, Meersalz, Vollmeersalz, natriumhaltige Würzmittel, Zucker und gesüßte Produkte verzehrt werden.

Reis-Salat, exotisch, Seite 109, Reis-Sorten, von links: wilder Reis, Rundkornreis, Halb-Langkornreis, ungeschält, Langkornreis, ungeschält (Naturreis) ▷

WEIZENKUR

Auch diese Entlastungskur kann an einem Tag, einem Wochenende oder eine ganze Woche lang durchgeführt werden.

Man nimmt zur Zubereitung der Mahlzeiten speziell aufgeschlossene Weizenflocken, die häufig mit Milch oder Sojaeiweiß angereichert und als »Weizendiät« im Handel sind.

Durch das günstige Kalium-Natrium-Verhältnis entwässert, und durch die geringe Energiezufuhr »entfettet« der Körper wie beim »Reistag«.

Pro Portion werden ca. 40 – 50 g Weizenflocken in kaltes oder lauwarmes Wasser oder Fruchtsaft eingerührt. 5 dieser Mahlzeiten ergeben pro Tag ca. 800 Kalorien.

Zur geschmacklichen Aufbesserung kann unter Hinzurechnung der Kalorien auch Obst und Gemüse verwendet werden, jedoch kein Salz, andere natriumhaltige Würzmittel und kein Zucker.

Blini (russische Pfannkuchen), Seite 42,
◁ *Sesamwaffeln, Seite 134*

Buchweizen

(in Österreich Heidenprein, Heiden oder Schwarz-Plent genannt)

Buchweizen ist eigentlich kein Getreide, sondern ein aus Asien stammendes Knöterichgewächs. Die Tataren und Türken brachten es erst mit ihren Feldzügen zu uns.

Weil Buchweizen keine Ansprüche an den Boden stellt, kann er in Gegenden Deutschlands, Rußlands und Afrikas angebaut werden, wo anderes Getreide längst nicht mehr wächst.

Die dunkelbraunen bis silbergrauen Früchte sind dreieckige kleine Nüßchen, die leicht an Bucheckern erinnern und einen ganz typischen Geschmack haben. Nach der Ernte werden sie gereinigt, manchmal gedämpft, gedörrt, erst dann geschält und weiterverarbeitet.

Auf den Bauernhöfen in manchen Gegenden Deutschlands, Österreichs, der Schweiz und Südtirols wurde und wird der Buchweizen von den Familienmitgliedern mittels Holzschuhen »betrampelt« bis die äußeren Strohhülsen abfallen und der unbeschädigte Keim mit dem ernährungsphysiologisch wertvollen Silberhäutchen am Korn dranbleibt. Dieser geschälte Buchweizen (Heiden) kann sofort weiterverwendet werden.

Buchweizen ist relativ eiweißreich und enthält neben den für Getreide typischen Inhaltsstoffen auch Rutin (größere Mengen allerdings im blühenden Buchweizenkraut). Diesen Stoff kannte man früher unter der Bezeichnung Vitamin P, während man ihn heute den Bioflavonoiden zuordnet. Als

Buchweizen

wesentliche Wirkung beim Menschen hat man eine gefäßabdichtende Wirkung festgestellt.
Im Handel findet man Buchweizen ganz, Buchweizengrütze und Buchweizenmehl.

Buchweizenbrei

(mit ganzem Buchweizen)

1 l Milch,
180 – 200 g ganzer Buchweizen,
1 Prise Salz,
2 Eßl. Honig.

Die Milch zum Kochen bringen, Buchweizen hineinstreuen, aufkochen und ca. 30 – 40 Minuten ausquellen lassen. Mit Salz und Honig abschmekken. Früchte schmecken gut dazu.

Buchweizen-Suppe »Gärtnerin«

(mit ganzem Buchweizen)

100 g Buchweizen,
1 l Gemüsebrühe,
30 g Pflanzenöl,
150 g Zwiebel (1 mittelgroße),
Muskat, Salz,
Selleriepulver,
Oregano, Pfeffer,
Knoblauchpulver,
20 g geriebener Käse,
1 Bund Schnittlauch.

Buchweizen grob schroten und in Gemüsebrühe ca. 1 Stunde einweichen.
Pflanzenöl erhitzen, die geschnittene Zwiebel darin andünsten. Mit dem Buchweizenbrei angießen und ca. 25 Minuten garen. Mit geriebener Muskatnuß, Salz, Selleriepulver, Oregano, Pfeffer und Knoblauchpulver abschmecken.
In Suppentassen verteilen und mit Käse und Schnittlauchröllchen bestreuen.

Buchweizengrütze, süß

siehe Buchweizenbrei, statt ganzem Buchweizen Buchweizengrütze verwenden!

Buchweizengrütze, pikant

100 g Zwiebel (1 mittelgroße),
20 g Butter oder Pflanzenmargarine,
200 g Buchweizengrütze,
1 l Gemüsebrühe,
1 Lorbeerblatt, Salz.

Zwiebel würfeln, in heißem Pflanzenfett andünsten. Die Buchweizengrütze zugeben und unter Rühren leicht anrösten. Mit Wasser aufgießen, würzen und bei kleiner Flamme ca. 30 Minuten garen.
Schmeckt zu allen Pilzgerichten und Sojaragouts.

Buchweizensalat

(mit ganzem Buchweizen)

200 g ganzer Buchweizen,
1 l Wasser,
1 Stange Lauch,
1 Apfel.

Sauce:
40 g Sonnenblumenkaltpreßöl,
Saft von 1 Zitrone,
1 Prise Zucker, Salz,
Senf, Pfeffer, Paprika.

Buchweizen in Wasser ca. 40 Minuten kochen, abkühlen lassen.
Lauch waschen und in dünne Scheiben, Apfel in Würfel schneiden. Die Zutaten zur Sauce miteinander vermengen und über den Buchweizen geben. Alles vermischen und gut durchziehen lassen.

Buchweizen-riebele

(mit Buchweizenmehl)

125 g Buchweizenmehl,
1/2 l Wasser, 1/2 l Milch,
1 Prise Salz, 1 Prise Zucker,
100 g Rosinen,
Vollkornsemmelbrösel,
Kokosfett.

Flüssigkeit zum Kochen bringen, Buchweizenmehl unter Rühren einlaufen lassen, Salz, Zucker und Rosinen zugeben. Ca. 10 Minuten ausquellen lassen. Kleine Klöße abstechen, in Vollkornbröseln wenden und in heißem Kokosfett ausbraten.

Kohlrouladen mit Buchweizenfülle

(mit ganzem Buchweizen)

1 Kopf Weißkohl,
150 g Buchweizen (ca. 1 Tasse),
1/2 – 3/4 l Wasser,
1 Teel. Gemüsebrüheextrakt,
Lorbeerblatt, Salz, Pfeffer,
1 Zwiebel,
1 kleine Dose vegetarische Paste,
1 Ei,
2 Eßl. Vollkornbrösel,
Muskat, Salz, Pfeffer,
20 g Kokosfett,
1 Dose geschälte Tomaten (425 ml).

Weißkohl in Salzwasser ca. 20 Minuten kochen. Vorsichtig auseinandernehmen, so daß die Blätter ganz bleiben. Für 4 – 6 Rouladen Kohlblätter ausbreiten. Buchweizen in Wasser mit Gemüsebrüheextrakt, Lorbeerblatt, Salz, Pfeffer, Zwiebelwürfel ca. 20 – 30 Minuten bei kleiner Flamme garen. Lorbeerblatt herausnehmen, Wasser abgießen und die trockenen Buchweizenkörner durch den Multiquick geben (oder Buchweizen vorher schroten).

Mit vegetarischer Paste, Ei, Vollkornbröseln und den Gewürzen vermischen und auf den Kohlblättern verteilen. Fest zusammenrollen und mit Garn umwickeln.
Die Rouladen in heißem Pflanzenfett anbraten, mit etwas Wasser und der Tomatenbrühe angießen und ca. 30 – 40 Minuten bei geschlossenem Deckel schmoren lassen. Die Tomaten zugeben, abschmecken und mit Kartoffelpüree servieren.

Buchweizenauflauf mit Käse

(mit ganzem Buchweizen)

200 – 250 g Buchweizen,
ca. 1/2 l Gemüsebrühe (Extrakt),
1 mittelgroße Zwiebel,
1 rote Paprika,
20 g ungehärtete Pflanzenmargarine,
3 Eier, getrennt,
Pfeffer, Salz, Kräuter der Provence,
1 – 2 Knoblauchzehen,
100 g geriebener Käse.

Buchweizen grob schroten und ca. 2 – 3 Stunden in gut abgeschmeckter Brühe einweichen.
Die kleingehackte Zwiebel und die gewürfelte Paprika in Pflanzenfett andünsten und mit dem gequollenen Buchweizen vermischen. Bei sehr kleiner Flamme ca. 20 – 30 Minuten ausquellen. Eigelb zugeben und mit Salz, Pfeffer und Gewürzen abschmecken. Das steifgeschlagene Eiklar unterziehen und die Masse in eine gefettete Auflaufform geben. Mit geriebenem Käse bestreuen und bei 200° (Gasherd Stufe 3) ca. 35 – 45 Minuten backen.
Dazu paßt Tomatensalat mit Zwiebeln.

Russische Pfannkuchen (Blini) I

(mit Buchweizenmehl)

200 g Buchweizenmehl,
300 – 400 ml Wasser,
$^1/_2$ Würfel Hefe,
30 – 50 g Weizenmehl, Type 1050,
1 Teel. Salz,
1 Teel. Zucker,
Kokosfett zum Ausbraten.

Das Buchweizenmehl in Wasser kurz aufkochen. Etwas abkühlen lassen.
Hefe mit lauwarmem Wasser verflüssigen und zu dem Buchweizenbrei geben. Ca. 20 Minuten gehen lassen, dann Mehl, Salz und Zucker zugeben und nochmals aufgehen lassen.
Kleine ovale Kuchen formen (oder mit dem Eßlöffel den Teig abstechen) und in schwimmendem Kokosfett ca. 10 Minuten ausbraten.
Dazu Kompott oder eingeweichtes Trockenobst.

Russische Pfannkuchen (Blini) II

(mit Buchweizenmehl)

100 g Weizenmehl, Type 1050,
$^1/_2$ – $^3/_4$ Würfel Hefe,
200 ml lauwarme Milch,
200 g Buchweizenmehl,
20 g Pflanzenöl (2 Eßl.),
2 – 3 Eigelb,
1 Teel. Salz,
1 Päckchen Vanillezucker,
nur wenn süße Beilagen gegeben werden,
etwas abgeriebene Zitronenschale,
2 – 3 Eßl. Mandelstifte,
2 – 3 steifgeschlagene Eiklar,
Kokosfett zum Ausbacken.

Mehl in eine Schüssel geben und die Hefe darüber bröseln. Mit einem Teil der lauwarmen Milch verrühren und ca. $^1/_2$ Stunde gehen lassen.

Dann Buchweizenmehl, Pflanzenöl, Eigelb, Salz, evtl. Vanillezucker, abgeriebene Zitronenschale und Mandelstifte zugeben. Soviel Milch einrühren bis ein dünner Pfannkuchenteig entsteht. Das steifgeschlagene Eiklar unterziehen und in heißem Pflanzenfett möglichst kleine dünne Pfannkuchen goldgelb ausbacken.
Am besten schmecken die Blinis direkt aus der Pfanne. In Rußland ißt man sie mit Butter bestrichen und mit Kaviar serviert. Sie schmecken auch zu Ragout, Champignongemüse und mit Vanillezucker auch zu Kompott.

Buchweizen-Kartoffel-Knödel

(mit Buchweizenmehl)

750 g Kartoffeln,
1 mittelgroße Zwiebel,
125 g geräucherter Speck,
150 g Buchweizenmehl,
2 – 3 Eier,
100 ml Milch,
1 – 2 Teel. Salz,
Kräuter der Provence oder Majoran.

Die Kartoffeln mit der Schale kochen, abpellen und kalt werden lassen. Durch die Kartoffelpresse geben oder durch einen Fleischwolf drehen.
Zwiebel schälen, würfeln und zusammen mit dem gewürfelten Speck anbraten.
Kartoffelbrei, Speck, Zwiebel, Buchweizenmehl, Eier, Milch, Salz und Gewürze zu einem glatten Teig verarbeiten. Etwas nachquellen lassen.
Salzwasser in einem großen Topf zum Kochen bringen. Ca. 8 Knödel formen und im Wasser bei mäßiger Hitze ca. 20 Minuten garziehen lassen.
Dazu paßt Tomatengemüse, gebackene Käseecken und Rohkostteller.

Buchweizenklöße

(mit Buchweizengrütze)

200 g Buchweizengrütze,
knapp 3/4 l Wasser,
1 Teel. Salz,
50 g Butter,
3 Eier,
3 Eßl. Sojamehl,
Pfeffer,
Hefewürze,
Muskat,
gehackte Petersilie.

Buchweizengrütze in kochendem Wasser ca. 20 bis 30 Minuten ausquellen lassen. Salz, Butter, Eier, Sojamehl, Pfeffer, Hefewürze, Muskat und gehackte Petersilie zugeben, miteinander verrühren und noch einige Minuten nachquellen lassen.
Klöße formen und in kochendem Salzwasser bei mäßiger Hitze ca. 20 Minuten garen. Passen gut zu jeder Art von Braten.

Gerste

Gerste

(Geschälte Gerste auch Rollgerste oder Gerschtprein)

Gerste das »Korn der Brauer« ist ebenfalls eine alte Kulturpflanze. Schon vor 5000 Jahren war sie den Ägyptern bekannt und auch unseren Vorfahren diente sie in Form von Gerstenbrei und Gerstenfladen als Nahrung. Die Pflanze wächst auch auf schlechten Böden und ist klimatisch nicht anspruchsvoll.
Heute wird Gerste hauptsächlich zu Nährfutter und für die Bierherstellung verwendet. Zur Brotherstellung ist sie nicht geeignet, weil sie nur geringe Mengen an Kleber enthält. Die Brote gehen nicht auf und schmecken leicht süßlich.
Richtig geschälte Gerste muß noch unbeschädigte Spitzen haben, nur dann sind noch alle essentiellen Nährstoffe enthalten.
Für Nahrungszwecke wird Gerste zu Graupen, Flocken, Schrot und Grütze verarbeitet.

Gerstenschrotbrei

(mit ganzen Körnern)

Für 1 Person
30 – 40 g Gerstenkörner fein geschrotet,
1/2 l Wasser,
1 Prise Salz, 1 Prise Zucker,
50 g Rosinen,
30 – 40 g Sahne (3 – 4 Eßl.).

Gerstenkörner schroten, Wasser zum Kochen bringen, Salz, Zucker und Schrot zugeben, ebenfalls die Rosinen und ca. 15 Minuten bei kleiner Flamme ausquellen lassen.
Zum Schluß die Sahne unterziehen.

Müsli mit Gerstenflocken

Für 1 Person
150 g Sauermilch,
100 g Obst der Jahreszeit,
10 g Linusit (1 Eßl.),
Saft von 1/2 Zitrone,
10 g Honig (1 Eßl.),
20 g Gerstenflocken (3 Eßl.).

Sauermilch verrühren, Obst hineinschneiden oder reiben. Linusit und Honig zugeben. Zum Schluß die Gerstenflocken locker unterheben.

Gerstenschleimkaltschale

Für 1 Person
100 ml Gerstenschleim, siehe Seite 27,
150 ml Johannisbeersaft,
1 Eßl. Honig,
1 Eßl. geschlagene Sahne.

Erkalteten Gerstenschleim mit Johannisbeersaft und Honig verquirlen, kühl stellen und mit einer Sahnehaube garnieren.
Es können noch Früchte hineingegeben werden.

Gerstenkörner als Beilage

200 – 250 g Gerstenkörner (einige Stunden eingeweicht),
1 l Wasser,
1 Teel. Gemüsebrüheextrakt,
Lorbeerblatt, Salz, 1/2 Zwiebel,
20 g ungehärtete Pflanzenmargarine,
1 Bund Petersilie.

Gerstenkörner in kochendes, gut gewürztes Wasser geben und ca. 30 – 40 Minuten bei kleiner Flamme ausquellen lassen. Gut abtropfen und in zerlaufener Margarine schwenken, mit Petersilie bestreuen.

Pikanter Salat aus Gerstenkörnern

150 g Gerstenkörner,
1 l Wasser,
Gemüsebrüheextrakt,
Lorbeerblatt, Salz.
3 Tomaten,
2 Schalotten.

Sauce:
150 g saure Sahne,
1 Prise Zucker, 1 Prise Salz,
Hefewürze, Knoblauchpulver,
Pfeffer, etwas Senf,
1 Lage Kresse.

Zubereitung der Gerstenkörner, siehe Gerstenkörner als Beilage. Tomaten aushöhlen und würfeln, die Schalotten in feine Streifen schneiden. Für die Sauce alle Zutaten verrühren und die Gerstenkörner, die Tomatenwürfel und Schalotten damit vermengen. Gut durchziehen lassen und mit Kresse garnieren.

Hunsrücker Gersten-Suppe

(mit ganzen Körnern)

50 g Gerste,
50 g gelbe Erbsen,
1/2 l Wasser,
100 g mageres Dörrfleisch,
1/2 l Wasser,
1/4 Sellerieknolle,
1 Lauchstengel,
Lauchblätter,
Salz, Pfeffer, gekörnte Brühe.

Gerste und Erbsen über Nacht in 1/2 l Wasser einweichen. Dörrfleisch klein schneiden und kurz anbraten. Mit 1/2 l Wasser angießen, die Gerste, Erbsen samt Einweichwasser zugeben. Ebenfalls die kleingeschnittenen Sellerie- und Lauchstücke. Ca. 1 Stunde bei kleiner Flamme kochen. Die kleingeschnittenen Lauchblätter, Salz, Pfeffer und gekörnte Brühe zugeben, nochmals durchkochen lassen.

Graupen-Steckrüben-Eintopf

100 g Frühstücksspeck,
1 l Wasser,
Pfefferkörner,
gekörnte Brühe,
500 g Steckrüben,
80 – 100 g Graupen,
Salz, Pfeffer,
Sellerieblätter.

Frühstücksspeck kurz anbraten, mit Wasser angießen, Pfefferkörner und gekörnte Brühe zugeben. Steckrüben schälen, kleinwürfeln und zusammen mit den Graupen in die Brühe geben. Ca. 50 Minuten bei kleiner Flamme garen, mit Salz, Pfeffer und geschnittenen Sellerieblättern abschmecken.

Einfache Graupensuppe

30 g Pflanzenmargarine,
1 Zwiebel,
1 kleine Stange Lauch,
80 – 100 g Gerstengraupen,
1 l Wasser,
Salz, Pfeffer, Muskat,
gekörnte Brühe.

Pflanzenmargarine erhitzen, kleingeschnittene Zwiebel und Lauch darin andünsten. Die Graupen zugeben und kurz mit anrösten.
Mit Wasser aufgießen und ca. 20 – 30 Minuten kochen lassen. Mit den Gewürzen abschmecken.

Im alpenländischen Bereich hatte eine kräftige Vollkornkost schon immer große Bedeutung. Man findet dort viele traditionelle Rezepte, die hervorragend in die heutige Zeit passen. Ein besonders originelles und wohlschmeckendes Rezept fand ich im »Kärntner Kochbüchl« von Lia Miklau, das im Verlag Joh. Heyn, Klagenfurt, erschienen ist:

»Gerschtprein-supp'n«

Geschälte Roll- oder Stempfgerste läßt man mehrere Stunden hindurch oder über Nacht in Wasser aufquellen. Sodann wird sie mit dem gleichen Wasser Sellerie, Gundelrebe, Lustock, Salbei, getrocknete Schwammerln und Salz schleimig weich gekocht. Ist Selch- oder Knochensuppe vorhanden, wird zum Teil solche dazu verwendet. Weiters wird die Suppe durch gekochte Bohnen, auch Feld- oder Saubohnen, noch besser. Besonders festlich macht man sie durch Beigabe kleiner Stückchen von gekochtem Geselchten oder Trockenfleisch.

Kleine Erklärung für »Nicht-Einheimische«:
Gerschtprein – geschälte Gerste,

Gundelrebe, ein wildwachsendes, sehr aromatisches Würzkraut, auch Gundermann genannt,
Lustock – Liebstöckel,
Schwammerln – Pilze,
Selchfleisch – Rauchfleisch.

Gerstenpudding mit Spinat

(mit ganzen Gerstenkörnern)

250 g Gerstenkörner, 1 – 1½ l Wasser,
1 Prise Salz, 1 Lorbeerblatt,
1 Teel. Hefebrüheextrakt,
20 g Pflanzenmargarine, ungehärtet,
2 mittelgroße Zwiebeln,
250 – 300 g Blattspinat,
Kerbel, Petersilie, 4 Eier getrennt,
50 – 60 g Weizenmehl, Type 1050,
Muskat, Salz, Pfeffer, Hefewürze.

Gerstenkörner in Wasser mit Salz, Hefebrüheextrakt und Lorbeerblatt ca. 40 Minuten garen. Abtropfen lassen. Pflanzenmargarine heiß werden lassen. Die geschnittenen Zwiebeln und den gewaschenen und vorbereiteten Blattspinat darin andünsten. Gar keine oder nur sehr wenig Flüssigkeit zugeben und ca. 5 Minuten garen.
Kerbel und Petersilie hacken.
Eigelb und Mehl verquirlen und mit den Gerstenkörnern und dem Spinat vermengen.
Das geschlagene Eiklar unter die Masse heben und in eine gefettete Puddingform geben. Deckel schließen und ca. 1 – 1½ Stunden im Wasserbad garen. Die Masse kann auch im Backofen gebacken, sollte aber mit Butterflöckchen belegt werden.
Dazu paßt eine Tomatensauce und Endiviensalat.

Gerstenpudding mit Spinat, Seite 50,
Gerstenkugeln, Seite 53 ▷

Gerstenring
(mit Graupen)

200 g Gerstengraupen,
1 – 2 l Wasser, Lorbeerblatt,
Hefeextrakt, Salz, Pfeffer,
1 – 2 Eier,
1 kleine Dose vegetarische Paste,
2 – 3 Eßl. Vollkornsemmelbrösel,
Salz, Pfeffer, Hefewürze, 20 g Butter.

Gerste in sprudelnd kochendem, gewürzten Wasser ca. 20 Minuten garen. Abtropfen lassen und im Multiquick zerkleinern. (Die Graupen lassen sich auch ganz verarbeiten.) Mit Eiern, vegetarischer Paste, Vollkornbröseln, Salz, Pfeffer und Hefewürze abschmecken. Die Masse in eine gefettete Ringform geben, mit Butterflöckchen belegen und bei 220° (Gasherd Stufe 3) ca. 40 Minuten überbacken. Dazu passen Ragouts, Frikassee und Salatplatten.

Gerstenkugeln
(mit Graupen)

200 g Graupen,
1 l Wasser, Salz,
50 g Weizenmehl, Type 1050,
2 Eier,
1 mittelgroße Zwiebel, Liebstöckel,
Salz, Pfeffer, Hefewürze,
Vollkornsemmelbrösel, Kokosfett.

Die Graupen in Salzwasser kochen und absieben. (Wenn vorhanden durch den Multiquick geben). Mit Mehl, Eiern, gehackter Zwiebel, Liebstöckel und den Gewürzen vermengen und kleine Kugeln formen, in wenig Semmelbröseln wenden und in Kokosfett goldgelb ausbraten.
Sie passen als Beilage zu vielen Gerichten.

Grünkernsalat, Seite 62
◁ *gefüllte Kohlrabi, Seite 61*

Gerstenkugeln, süß

Zubereitung siehe vorherige Seite, statt den pikanten Gewürzen werden diese Kugeln mit Rübensirup oder Honig gesüßt und mit Mandelsplittern vermengt.
Dazu paßt Kompott oder Obstsalat.

Schrotauflauf mit Trockenpflaumen

(mit Gerstenschrot)

150 g Gerstenkörner geschrotet,
300 – 350 ml Wasser,
1 Prise Salz,
2 Eier getrennt,
30 – 40 g brauner Zucker,
etwas geriebene Zitronenschale,
etwas Vanille,
150 g saure Sahne,
150 g Trockenpflaumen (geschnitten und einige Stunden eingeweicht),
50 ml Rotwein,
Zimt, Nelken,
20 g Butter.

Gerstenschrot in der angegebenen Wassermenge mit einer Prise Salz ca. 20 Minuten bei kleiner Flamme gut ausquellen lassen.
Eigelb mit Zucker, Zitrone, Vanille und der sauren Sahne gut verquirlen und mit dem Gerstenschrot vermengen.
Die Trockenpflaumen leicht ausdrücken und mit Rotwein, Zimt und Nelken kurz aufkochen (sie sollten die Flüssigkeit restlos aufgesogen haben).
Die Hälfte des Schrotbreis in eine gefettete Auflaufform geben, die Pflaumen darauf verteilen und mit der restlichen Schrotmasse abdecken. Mit Butterflöckchen belegen und bei 200° (Gasherd Stufe 3) ca. 40 – 45 Minuten backen.

Gefüllte Paprika mit Gerstenschrot

4 mittelgroße rote Paprika,
180 g Gerstenschrot,
450 – 500 ml Wasser, Salz,
50 – 80 g Vollkornsemmelbrösel,
1 Ei, Petersilie, Schnittlauch,
1 mittelgroße Zwiebel, Liebstöckel,
Zwiebelpulver, Paprika, Majoran, Salz,
1 Scheibe Käse (z. B. Scheibletten).

Paprika ca. 5 Minuten in Wasser vordünsten. Gerstenschrot in Salzwasser bei kleiner Flamme ca. 15 – 20 Minuten garen. Dann mit Semmelbröseln, Ei, gehackter Zwiebel, Kräutern und Gewürzen vermengen und pikant abschmecken.
In die leicht ausgesalzenen Paprika füllen und mit je $1/4$ Scheibe Käse belegen. Die Paprika in eine ausgefettete flache Auflaufform setzen, mit etwas Flüssigkeit angießen und ca. 30 – 35 Minuten bei 200° (Gasherd Stufe 3) backen.

Grünkern

Spelt = Dinkel

Grünkern wird aus Dinkel, einer Urform des Weizens hergestellt. Früher war diese anspruchslose Weizenart sehr weit verbreitet, während sie heute

nur noch vereinzelt in süddeutschen Raum, in der Schweiz und in Österreich angebaut wird.
Schon im Juli, vor der eigentlichen Reife, wird Dinkel geerntet. Die Grünkerne werden danach schwach geröstet oder gedörrt und bekommen dadurch ihr typisches Aroma.
In der vegetarischen Küche sind gerade Grünkernspeisen sehr beliebt.
Grünkern kann man in Form von ganzen Körnern oder bereits geschrotet kaufen.

Grundrezept für vorgequollene und gekochte Grünkernkörner

200 – 250 g Grünkernkörner
(die Menge ist als Beilage gedacht und kann natürlich für Hauptgerichte erhöht werden),
ca. 1/2 – 1 l Wasser,
1 Prise Salz,
1 Prise Zucker.

Grünkernkörner ca. 2 Stunden vorquellen und dann in kochendem Wasser bei schwacher Hitze ca. 50 Minuten garen, 10 Minuten nachquellen lassen.

Sie können dann, je nach Verwendungsform pikant oder süß gewürzt und weiterverarbeitet werden.

Grünkernschrot

Für 1 Person
1/4 l Wasser,
30 – 40 g Grünkernschrot,
1 Prise Salz, 1 Prise Zucker,
1 – 2 Eßl. Sahne (30 % Fett).

Wasser zum Kochen bringen, Grünkernschrot, Salz und Zucker hinzugeben, ca. 15 – 20 Minuten bei kleiner Flamme garen. Zum Schluß die Sahne unterziehen.

Grünkernschrot, süß

Für 1 Person

Siehe Grünkernschrot (vorherige Seite), mit 20 g Honig (1 – 2 Eßl.) süßen und etwas Zitronensaft abschmecken.

Grünkern als Beilage

(mit ganzem Grünkern)

1 – 2 l Wasser,
250 g Grünkern,
1 Prise Salz, 1 Prise Zucker,
1 Teel. Hefebrüheextrakt,
1 Zwiebel, 1 Lorbeerblatt,
40 g ungehärtete Pflanzenmargarine,
1 Bund Petersilie.

Wasser zum Kochen bringen. Grünkern, Salz, Zukker, Hefebrüheextrakt, halbierte Zwiebel, Lorbeerblatt hinzugeben und ca. 40 – 50 Minuten bei kleiner Flamme garen. Durch ein Sieb gießen und in zerlassenem Pflanzenfett wenden, mit gehackter Petersilie bestreuen.

Grünkernsuppe

(mit Grünkernschrot)

20 g ungehärtete Pflanzenmargarine,
80 – 100 g Grünkernschrot,
1 mittelgroße Zwiebel, gewürfelt,
1 l Wasser,
1 Teel. Gemüsebrüheextrakt,
1 Lorbeerblatt, Pfefferkörner, Salz,
2 Eigelb.

Pflanzenfett erhitzen, Grünkernschrot und Zwiebelwürfel kurz darin andünsten. Mit Wasser aufgießen. Gemüsebrüheextrakt, Lorbeerblatt, Pfefferkörner und Salz zugeben, ca. 15 Minuten bei kleiner Flamme garen. Mit verquirltem Eigelb legieren, nicht mehr aufkochen.

Fränkischer Grünkern-Topf

(mit Grünkernschrot)

75 – 100 g Grünkern,
20 g Butter,
150 g Zwiebel (1 mittelgroße),
250 g Kartoffeln,
1 l Gemüsebrühe oder Fleischbrühe,
1 Lorbeerblatt,
Salz, Pfeffer, 2 Bund Petersilie.

Grünkern sehr grob schroten.
Butter in einem Topf erhitzen, die kleingeschnittene Zwiebel und die gewürfelten Kartoffeln kurz andünsten, mit Brühe angießen. Lorbeerblatt zugeben, ebenfalls die Gewürze und grob geschrotete Grünkerne. Ca. 40 Minuten bei kleiner Flamme garen. Die gehackte Petersilie kurz vor dem Servieren zugeben. Nochmals abschmecken.

Grünkernsuppe mit Tomaten

(mit Grünkernschrot)

80 g Grünkernschrot,
1/2 l Wasser,
Gemüsebrüheextrakt,
1 kleine Dose geschälte Tomaten/
Paradeiser (400 ml),
2 Eßl. Tomatenmark,
Majoran, Thymian, Knoblauchpulver,
Salz und Pfeffer,
1 Bund Schnittlauch.

Grünkernschrot ohne Fett leicht anrösten. Mit Wasser aufgießen. Gemüsebrüheextrakt zugeben, ebenfalls die Tomaten und ca. 15 Minuten bei kleiner Flamme garen.
Tomatenmark mit den Gewürzen vermischen und unter die Suppe rühren. Nochmals nachschmecken und mit geschnittenem Schnittlauch bestreuen.
Statt Schnittlauch kann auch geriebener Käse darüber gestreut werden.

Grünkern-pudding

(mit Grünkernschrot)

$^1/_2$ l Gemüsebrühe,
1 Lorbeerblatt, 1 Zwiebel,
180 g Grünkernschrot,
100 g Sellerie, 100 g Lauch,
20 g Pflanzenmargarine,
1 Bund Schnittlauch,
1 Bund Petersilie,
1 Bund Dill, 1 Kasten Kresse,
100 g Gouda (mittelalt, 45 % F. i. d. Tr.),
Pfeffer, Muskat, Salz,
3 Eier, getrennt,
Fett, Paniermehl (für die Form).

Brühe mit Lorbeerblatt und Zwiebel zum Kochen bringen. Grünkernschrot darin in etwa 15 Minuten ausquellen. Gemüse würfeln, in Margarine 10 Minuten dünsten. Kräuter nicht zu fein hacken, Käse reiben. Gemüse, Kräuter und Käse unter den Grünkernbrei mischen, mit den Gewürzen abschmecken. Eigelb unterrühren, Eischnee unterheben. Puddingform ausfetten, mit Paniermehl ausstreuen und die Grünkernmasse hineinfüllen. Im Wasserbad 60 Minuten kochen. Herausnehmen, kurz unter kaltes Wasser halten und stürzen.

Grünkern-bratlinge

(mit Grünkernschrot)

100 g Grünkern geschrotet,
knapp $^1/_2$ l Wasser,
Salz, Lorbeerblatt, 1 Zwiebel,
1 kleine Dose vegetarische Paste (60 g),
1 – 2 Eier,
30 – 50 g Vollkornbrösel,
10 – 20 g Weizenkeime,
Majoran, Pfeffer, Hefewürze, Salz,
gehackte Petersilie,
20 – 30 g Pflanzenfett zum Ausbraten.

Grünkernschrot in Wasser mit Salz, Lorbeerblatt und Zwiebelwürfel aufkochen und ausquellen lassen. Ab und zu umrühren, nach 20 – 30 Minuten das Lorbeerblatt entfernen und die vegetarische Paste einarbeiten. Die Masse abkühlen lassen. Ei, Brösel, Weizenkeime und die Gewürze untermengen. Gut abschmecken und 8 kleine Frikadellen formen. In heißem Pflanzenfett nacheinander ausbraten.

Gefüllte Kohlrabi

(mit Grünkernschrot)

4 Kohlrabi mittelgroß,
Salz, Pfeffer,
die Masse der Grünkernbratlinge,
Rezept siehe oben.

Die Kohlrabi aushöhlen und im Dampfdrucktopf im gelochten Einsatz ca. 3 Minuten kochen. Leicht salzen und pfeffern.
Die Grünkernmasse zubereiten und die Kohlrabi damit füllen. In eine gefettete Auflaufform setzen und mit wenig Wasser angießen und ca. 30 – 35 Minuten bei 200° (Gasherd Stufe 3) überbacken.
Dazu Kartoffelpüree und Käsesauce.

Kalte Grütze

(mit grobem Grünkernschrot)

1 l Flüssigkeit, je 1/2 l Wasser, 1/2 l Johannisbeersaft,
80 – 100 g Grünkernschrot, grob geschrotet,
30 g Apfeldicksaft (3 Eßl.),
50 – 60 g Rosinen,
Zitronensaft,
50 g flüssige Sahne (30 % Fett).

Wasser zum Kochen bringen und Grünkernschrot einlaufen lassen. Ca. 10 Minuten ausquellen, dann den Johannisbeersaft zugießen und nochmals 10 Minuten quellen lassen. Die Rosinen zugeben und mit Apfeldicksaft und Zitronensaft abschmekken. Die Grütze kaltstellen und mit flüssiger Sahne servieren.

Grünkernsalat mit Roquefort-dressing

(mit ganzem Grünkern)

150 g Grünkern,
2 mittelgroße nicht zu weiche Birnen,
1/2 Salatgurke, evtl. 1 rote Paprikaschote.

Sauce:
50 g Roquefortkäse,
1 Becher Sanoghurt (3,5 % Fett),
1 Prise Salz, 1 Prise Zucker.

Grünkern kochen, siehe Seite 57.
Birnen schälen und zusammen mit der Salatgurke und evtl. Paprika in Würfel schneiden. Zu den Grünkörnern geben. Roquefortkäse leicht erwärmen (einpacken in Alufolie und kurz in heißes Wasser legen). Mit dem Sanoghurt vermischen und mit Salz und Zucker abschmecken.
Alles miteinander vermengen und gut durchziehen lassen.

Grünkern-schnitten

(mit Grünkernschrot)

150 – 175 g Grünkernschrot,
1/2 l Wasser,
1/4 l Milch,
1 Prise Salz, 1 Prise Zucker,
Kokosfett.

Grünkernschrot in 1/2 l kochendes Wasser geben, einige Minuten quellen lassen, dann Milch, Salz und Zucker zugeben und nochmals 10 – 15 Minuten bei kleiner Flamme garen. Die Masse auf ein feuchtes Backbrett streichen und Rechtecke schneiden. In heißem Kokosfett goldgelb braten.
Die Schnitten können zu Gemüse und Rohkostgerichten, aber auch zu Kompott gegessen werden.

Grünkern-schnitten, süß

Rezept Grünkernschnitten; in die Masse 1 – 2 Eßl. Honig und eventuell Mandelstifte einarbeiten.

Grünkernschnitten, pikant

Rezept Grünkernschnitten; in die Masse 50 g geriebenen Käse, Hefebrüheextrakt, Pfeffer und Paprika, edelsüß und scharf, einarbeiten.

Bunter Quark mit Grünkern

(mit ganzem Grünkern)

50 g Grünkern,
250 g Magerquark/Topfen
100 ml Milch,
2 Tomaten/Paradeiser, 1/2 Paprikaschote,
1 Bund Schnittlauch,
1 Knoblauchzehe,
Salz, Pfeffer, Edelsüßpaprika.

Grünkern in Wasser kochen, siehe Seite 57. Magerquark mit Milch anrühren. Tomaten häuten, entkernen und in Würfel schneiden, mit Paprikaschotenstückchen und Schnittlauchröllchen zum Quark geben. Die Knoblauchzehe zerdrücken und mit Salz und Pfeffer abschmecken. Alle Zutaten miteinander vermengen und mit Paprikapulver bestreuen.

Grünkerncreme mit Haselnüssen

(mit Grünkernmehl)

3/4 – 1 l Milch,
100 – 125 g Grünkernmehl,
40 – 50 g Honig (4 – 5 Eßl.),
etwas gemahlener Zimt, 1 Prise Nelkenpulver,
50 – 80 g Haselnüsse, grob gehackt.

Milch zum Kochen bringen, unter Rühren das Grünkernmehl einlaufen lassen und ca. 10 – 15 Minuten ausquellen lassen, am besten im Wasserbad zubereiten. (Es gibt spezielle Wasserbadtöpfe, die für viele Speisen praktisch sind.) Mit Honig, Zimt und Nelken abschmecken. Die Haselnüsse unterrühren. In Portionsschalen füllen und erkalten lassen. Dazu paßt Himbeersirup.

Hafer

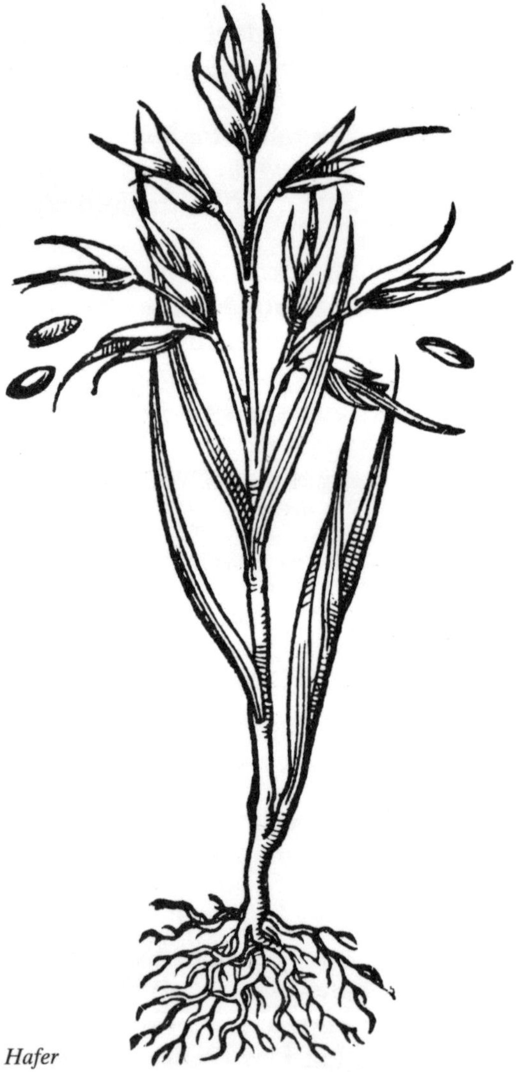

Hafer

Jahrhundertelang war Haferbrei oder Hafersterz die tägliche Nahrung unserer Vorfahren. Man schätzte ihn wegen seiner guten Sättigung und seinem typisch kräftigen Geschmack.
Haferkörner sind von Spelzen eingehüllt, die vor der Verwendung entfernt werden müssen. Man spricht dann von geschältem Hafer, der allerdings Randschichten und Keimling noch enthält.
Durch besondere Züchtungen kann heute Hafer ohne Spelzen – Sprießkornhafer – angebaut werden, der für die Weiterverarbeitung besser geeignet ist.
Der höhere Fettgehalt (auch Polyensäuren) unterscheidet ihn von anderen Getreidesorten (s. Tabelle S. 24) und trägt wohl auch zum schnelleren Verderb von Hafererzeugnissen bei. Bekannt ist das »Bitterwerden« durch längere Lagerung. Um dies hinauszuzögern wird Hafer oft schon vor dem Schälen gedämpft und gedörrt.
Für die Ernährung werden verschiedene Produkte aus Hafer hergestellt. Sie zeichnen sich durch ihren angenehmen Geschmack und ihre gute Bekömmlichkeit aus, ob bei Säuglingen, Kleinkindern, bei gesunden und kranken Menschen, Sportlern oder alten Menschen. Bemerkenswert ist die starke Schleimentwicklung, die sich sehr positiv auf Magen und Darm auswirkt.
Im Handel sind ganze Haferkörner, Hafermehl und Hafergrütze erhältlich.
Einem besonderen Bearbeitungsverfahren unterliegen die Haferflocken. Das Korn wird geschält, gedörrt, gedämpft und gewalzt. Durch das Dämpfen wird die Stärke zum Teil aufgeschlossen und deshalb sind Haferflocken auch roh verarbeitet, leichter verdaulich.

Haferflocken-müsli

Für 1 Person
150 g Dickmilch,
etwas Zitronensaft,
1 kleiner Apfel, 1 Eßl. Johannisbeeren,
20 g Sonnenblumenkerne,
30 g Kernblattflocken (3 Eßl.),
1 Teel. Honig.

Dickmilch verrühren, Zitronensaft zugeben und Obst hineinschneiden oder reiben.
Die Sonnenblumenkerne, Haferflocken und Honig zugeben.

Haferbrei

(mit Haferflocken, mittelfein)

Für 1 Person
1/4 l Wasser,
40 g mittelfeine Haferflocken,
1 Prise Salz,
1 Prise Zucker,
Zitronenscheiben,
etwas Milch, 1 Apfel.

Wasser zum Kochen bringen. Die Haferflocken, Salz, Zucker und Zitronenscheibe hineingeben, ca. 15 Minuten ausquellen lassen. Etwas Milch zugießen und den Apfel in den nicht mehr kochenden Brei reiben.

Haferschleim

(mit Haferflocken, mittelfein)

Für 1 Person
30 – 40 g Haferflocken,
1/4 l Wasser,
1 Teel. Salz.

Haferflocken, Salz und das kalte Wasser zusammen aufsetzen. Aufkochen und bei kleiner Flamme ausschleimen lassen.

Haferschrotmüsli

Für 1 Person
1 Becher Sanoghurt (1,5 % Fett),
30 g Haferkörner (geschrotet und über Nacht eingeweicht),
1 kleine Birne, 1 Teel. Rosinen,
ca. 8 – 10 g Cashewnüsse.

Sanoghurt glattrühren, Haferschrot, geschnittene Birne, die Nüsse und die Rosinen zugeben und miteinander vermengen. Evtl. mit Zitronensaft beträufeln.

Porridge

(mit groben Haferflocken)

Für 1 Person
$^1/_4$ l Wasser,
40 – 50 g grobe Haferflocken,
1 Prise Salz, 1 Prise Zucker,
50 g Trockenpflaumen (5 – 7 Stück) eingeweicht,
30 ml flüssige Sahne (30 % Fett).

Wasser zum Kochen bringen und die Haferflocken einrühren. Ca. 20 Minuten quellen lassen, bis ein dicker Brei entsteht. Die Pflaumen zugeben, mit Salz und Zucker abschmecken. In eine Suppentasse einfüllen und mit kalter Sahne übergießen.

Hafertrank mit Johannisbeeren

(mit Haferschrot)

Für 1 Person
10 g Haferschrot,
150 g Johannisbeersaft,
100 g Mineralwasser ohne Kohlensäure,
Vanille, etwas Zitronensaft.

Haferkörner schroten und in der Pfanne ohne Fett goldgelb rösten. Saft mit Wasser, Vanille und Zitronensaft verquirlen und Haferschrot zugeben.
Sofort servieren.

Hafermehlsuppe

50 – 70 g Haferkörner, fein geschrotet,
1 l Wasser, Salz,
1 Stange Lauch,
1 mittelgroße Zwiebel,
1 Salbeiblatt, 1 – 2 Eigelb,
40 g ungehärtete Pflanzenmargarine,
60 g Grahambrot, 2 Scheiben.

Hafermehl ohne Fett leicht rösten, dann mit Wasser aufgießen. Gut rühren, damit sich keine Klumpen bilden, Lauch in dünne Ringe und Zwiebel in Würfel schneiden. Zusammen mit dem Salbeiblatt in die Flüssigkeit geben und bei kleiner Flamme ca. 15 Minuten garen. Mit Salz abschmecken und mit Eigelb legieren. Zwischenzeitlich Fett erhitzen und das in Würfel geschnittene Grahambrot rösten. Die Suppe in Teller füllen und die Brotwürfel darüberstreuen. Sofort servieren.

Haferflocken-Kartoffelsuppe

400 g Kartoffeln,
1 l Wasser, Salz,
1 Lorbeerblatt,
40 g Haferflocken,
20 g Pflanzenmargarine ungehärtet,
100 g Zwiebel (mittelgroß),
1 Teel. Hefebrüheextrakt,
Salz, Pfeffer, Muskat,
2 Eßl. saure Sahne,
2 Eßl. Schnittlauchröllchen.

Kartoffeln schälen, kleinschneiden und in Wasser mit Salz und Lorbeerblatt ca. 10 Minuten kochen. Die Haferflocken zugeben, nochmals 10 – 15 Minuten garen und dann pürieren (entweder durch ein Sieb oder den Multiquick/Moulinette). In heißem Fett die Zwiebelwürfel andünsten, zur Suppe geben. Alles nochmal aufkochen, abschmecken und in Suppentassen einfüllen. Die Sahne und den Schnittlauch zum Schluß darüber geben.

Hafertopf mit Gemüse

(mit Haferflocken)

40 g Kernblattflocken,
$^1/_2$ l Wasser,
1 Teel. Hefebrühe (Extrakt),
20 g Pflanzenmargarine,
1 mittelgroße Zwiebel,
300 – 400 g Gemüse (Möhren, Sellerie, evtl. auch 1 kleiner Staudensellerie, Lauch),
2 Eßl. Tomatenmark,
$^1/_2$ l Wasser,
Vollmeersalz, Thymian, Majoran,
schwarzer Pfeffer,
2 Eßl. geriebener Käse.

Haferflocken 1 – 2 Stunden in $^1/_2$ l Wasser einweichen. Hefeextrakt zugeben und aufkochen. Ca. 20 – 30 Minuten ausquellen lassen.
Kleingeschnittene Zwiebel, Möhren, Sellerie und Lauchstücke in heißer Margarine andünsten, Tomatenmark zugeben und mit Wasser aufgießen. Ca. 15 – 20 Minuten kochen und mit dem Haferbrei vermengen. Mit Vollmeersalz und den Gewürzen abschmecken, mit geriebenem Käse bestreuen.

Haferkörner als Beilage

200 – 250 g Haferkörner (ca. 10 Stunden in Wasser eingeweicht),
1 – 1$^1/_2$ l Wasser,
1 Prise Salz, 1 Prise Zucker.

Wasser mit Salz und Zucker zum Kochen bringen, die Haferkörner hineingeben und ca. 40 – 50 Minuten bei kleiner Flamme garen, abgießen.

Haferkörner, pikant

200 – 250 g Haferkörner (ca. 10 Stunden in Wasser eingeweicht),
20 g ungehärtete Pflanzenmargarine,
1 mittelgroße Zwiebel,
750 ml Wasser, 1 Teel. Gemüsebrüheextrakt,
1 Lorbeerblatt, Salz, Pfeffer, Paprika,
1 Bund Petersilie.

Haferkörner gut abtropfen lassen. Das Fett erhitzen, die geschnittene Zwiebel und die Körner andünsten, dann mit Flüssigkeit aufgießen. Gemüsebrüheextrakt, Lorbeerblatt, Salz, Pfeffer und Paprika zugeben und ca. 50 Minuten bei kleiner Flamme garen.
Zum Schluß die gehackte Petersilie untermischen.

Hafersalat, italienisch

(mit ganzen Haferkörnern)

150 g Haferkörner,
1 mittelgroße Zwiebel,
2 Tomaten,
1/2 Salatgurke.

Sauce:
20 g Olivenöl, extra vergine,
etwas Zitronensaft,
1 – 2 Eßl. Tomatenmark,
frischer Thymian, 1 Knoblauchzehe,
Salz, Pfeffer,

Haferkörner kochen, siehe Seite 69.
Zwiebel kleinschneiden, ebenfalls die Tomaten und die Gurke. Mit den Haferkörnern vermischen.
Aus Olivenöl, Zitronensaft, Tomatenmark und den Gewürzen eine Sauce herstellen und mit den übrigen Zutaten vermengen.

Hafersalat, lieblich

(mit ganzen Haferkörnern)

150 g Haferkörner,
2 mittelgroße Äpfel,
1 rote Paprika.

Sauce:
150 g saure Sahne,
1 Teel. Honig,
etwas Zitronensaft,
1 Prise Koriander, 1 Prise Salz.

Zubereitung wie Hafersalat italienisch.
Beide Salate lassen sich gut verpackt mit zum Arbeitsplatz nehmen.

Hafermehlpfannkuchen (Palatschinken)

250 g Hafermehl,
2 – 3 Eier, getrennt,
1/8 l Milch,
1 Teel. Salz,
1 Teel. Zucker,
evtl. etwas geriebene Zitronenschale,
Kokosfett zum Braten.

Mehl, Eigelb, Milch, Salz, Zucker und Zitronenschale zu einem Teig verrühren. Das geschlagene Eiklar unterziehen. (Der Teig sollte gleich verarbeitet werden, da er etwas nachdickt.)
Dünne Pfannkuchen in heißem Kokosfett von beiden Seiten goldgelb backen.

Hafermehlpfannkuchen (Palatschinken) mit Schinken und Sirup

Grundrezept zubereiten, Zucker etwas reduzieren und dem Teig ca. 50 – 80 g Schinken-Speckwürfel zugeben. Ausbraten und die Pfannkuchen dünn mit Sirup bestreichen.

Hafermehlpfannkuchen mit Äpfeln

Grundrezept zubereiten (siehe vorherige Seite), 2 mittelgroße Äpfel schälen, in dünne Scheiben schneiden und dem Teig zugeben.

Hafer-Quark-Küchle, pikant

(mit körnigen Haferflocken)

150 g Quark (Topfen),
2 Eier,
50 g geriebener Käse,
150 – 200 g körnige Haferflocken,
Hefewürze, Salz, Pfeffer,
2 Bund Schnittlauch,
Vollkornsemmelbrösel, Kokosfett.

Quark mit den Eiern verrühren, geriebenen Käse und die Haferflocken einkneten. Ca. 20 Minuten quellen lassen. Die Gewürze und den geschnittenen Schnittlauch untermengen und evtl. mit Hilfe von Semmelbröseln kleine flache Küchle formen.
In heißem Kokosfett ausbraten.
Passen zu allen Gemüsegerichten.

Hafer-Quark-Küchle, süß

(mit körnigen Haferflocken)

150 g Quark (Topfen),
2 Eier,
150 – 200 g Haferflocken,
50 – 100 g Rosinen,
1 Päckchen Vanillezucker,
Vollkornbrösel, Kokosfett.

Quark mit Eiern, Haferflocken, Rosinen und dem Vanillezucker verkneten. Ausquellen lassen und kleine flache Küchle formen. In heißem Kokosfett ausbraten.
Dazu Kompott oder Rosinensauce (eventuell mit kalifornischen Rosinen, die besonders groß und aromatisch sind).

Hafer-Sesam-Häufchen

(mit Haferflocken)

Ca. 18 – 20 Stück
50 g Mandeln,
100 g Vollkornhaferflocken (mittelfein),
100 g Sesam,
100 g Honig (5 – 7 Eßl.),
evtl. etwas Rum.

Mandeln sehr fein mahlen, ohne Fett in der Pfanne leicht rösten, ebenso die Haferflocken und die Sesamkörner (sollte getrennt geschehen). Die Zutaten mit dem Honig verkneten, evtl. etwas Rum zugeben und aus der Masse kleine Häufchen oder Kugeln formen und trocknen lassen.
Schmecken zu feinen Nachspeisen und zu Tee.

Haferflocken-Quarkklöße

250 g Magerquark (Topfen),
2 Eier,
50 g Honig (2 – 3 Eßl.),
100 g Haferflocken mittelfein,
abgeriebene Zitronenschale, von 1/2 Zitrone (unbehandelt).

Magerquark mit Eiern, Honig, Haferflocken und Zitronenschale verrühren und ca. 1/2 Stunde stehen lassen (damit die Haferflocken ausquellen können). Dann mit bemehlten Händen kleine Klößchen formen und in leicht kochendem Wasser 15 Minuten ziehen lassen.
Dazu paßt Rosinen- oder Aprikosensauce.

Hirse

(auch Hirsch genannt)

Hirse

Hirse ist eine uralte Kulturpflanze, die schon vor 5000 Jahren den Chinesen bekannt war. Wie aus altgermanischen Gräberfunden hervorgeht, wurde sie zur Römerzeit auch bei uns angebaut und war sicherlich die wichtigste Nahrung.
In einigen Gebieten Afrikas und Asiens stellt Hirse auch heute noch eine wichtige Breifrucht dar, während sie in Europa vollkommen verdrängt wurde. Dabei kann von einer relativ kleinen Anbaufläche ein hoher Ertrag erzielt werden.
Unter der Bezeichnung Hirse werden einige Sorten zusammengefaßt, wovon die Rispenhirse für die menschliche Ernährung die größte Rolle spielt.
Nach der Ernte wird die Hirse gereinigt und geschält, wobei man das Korn von der unverdaulichen Schale trennt. Dieses Schälen ist nicht vergleichbar mit der Entfernung der Randschichten des Weizenkornes, weil in den entfernten Teilen keine großen Mengen an Vitaminen und Mineralstoffen sitzen.
Die Hirse gehört zu den sehr mineralstoffreichen Nahrungsmitteln, wobei der besonders hohe Gehalt an Kieselsäure (wichtig z. B. bei der Zahnbildung) bemerkenswert ist.
In manchen ländlichen Gegenden waren gesunde Zähne bis ins hohe Alter keine Seltenheit – dank täglich genossener Hirsenahrung.
Der hohe Fettgehalt schränkt die Lagerfähigkeit vor allem der Flocken etwas ein, was im Haushalt zu beachten ist. Es empfiehlt sich, die Hirse vor der Zubereitung heiß abzuwaschen.
Im Handel findet man ganze geschälte Hirse und zu Flocken verarbeitete.

Hirseflöckli-Müsli

Für 1 Person
150 g Sanoghurt (1,5 % Fett),
100 g feste Birne (mittelgroß),
20 g Rosinen (1 Eßl.),
5 g Honig (1 Teel.),
etwas Zitronensaft,
30 g Hirseflöckli (4 Eßl.).

Sanoghurt in eine Schüssel geben und kurz durchrühren. Birne schälen und grob hineinreiben. Die kurz eingeweichten Rosinen, Honig, Zitronensaft und zum Schluß die Hirseflöckli unterziehen.

Möhrenmüsli mit Hirseflöckli

Für 1 Person
100 g Möhren,
1 Teel. Honig,
Saft von 1 Orange,
3 – 4 Datteln,
20 g Sonnenblumenkerne,
10 g Hirseflöckli (1 Eßl.).

Möhren schälen und reiben. Honig und Orangensaft zugeben. Die Datteln hineinschneiden und zusammen mit den Sonnenblumenkernen und Hirseflöckli vermengen.

Hirsebrei mit Kompott

(mit ganzer Hirse)

Für 1 Person
40 – 50 g ganze Hirse,
150 – 200 ml Wasser (ca. 1/10 l),
20 – 40 g Sahne (30 % Fett),
1 Prise Salz, 1 Teel. Honig,
100 g Kompott.

Die gewaschene Hirse in das kochende Wasser einstreuen und aufkochen lassen. Ca. 15 Minuten bei kleiner Flamme garen, dann Sahne, Salz und Honig zugeben. Die dickflüssige Masse in einen flachen Teller geben und das Kompott darüber gießen.

Hirsesuppe mit Möhren

(mit ganzer Hirse)

20 g ungehärtete Pflanzenmargarine,
100 g Zwiebel (mittelgroße),
60 – 80 g ganze Hirse,
1 l Gemüse- oder Fleischbrühe (Extrakt),
Salz, Pfeffer, etwas Majoran,
150 g Möhren (2 Stück).

Pflanzenmargarine erhitzen, die gewürfelte Zwiebel und die gewaschene und wieder getrocknete Hirse kurz darin andünsten. Mit Flüssigkeit aufgießen, würzen und ca. 15 – 20 Minuten bei kleiner Flamme garen.
Die Möhren kurz vor Ende der Garzeit hineinreiben (grobe Raspel).

Aschenputtels Hirsesüppchen

(mit ganzer Hirse)

30 g Pflanzenöl,
1 Petersiliewurzel,
100 g Möhren,
1 l Wasser,
1 Teel. Hefeextrakt,
100 g Hirse,
Salz, weißer Pfeffer.

Pflanzenöl erhitzen, die kleingeschnittene Petersilienwurzel und die gewürfelten Möhren darin andünsten. Mit Wasser aufgießen. Mit Hefeextrakt würzen und die gewaschene Hirse zugeben. Ca. 20 bis 30 Minuten bei kleiner Flamme kochen lassen. Mit Salz und weißem Pfeffer abschmecken.

Hirsotto-Grundrezept

(mit ganzer Hirse)

20 g Pflanzenmargarine,
1 kleine Zwiebel,
200 – 250 g ganze Hirse,
500 – 600 ml Brühe (aus 1 Eßl. Extrakt),
1 Lorbeerblatt,
Salz, Pfeffer.

Pflanzenfett erhitzen, die geschnittene Zwiebel darin andünsten. Die gewaschene und wieder abgetrocknete Hirse zugeben, einige Minuten mitdünsten, dann mit der kochenden und abgeschmeckten Brühe aufgießen, und einmal aufkochen lassen. Mit geschlossenem Deckel bei kleinster Flamme 20 Minuten weitergaren oder in die Kochkiste geben. Hirsotto paßt sehr gut in die lakto vegetabile Küche aber auch zu Fleischgerichten.

Hirse mit Hühnerfleisch, überbacken

(mit ganzer Hirse)

Hirsotto Grundrezept, siehe oben,
3 – 4 Eier getrennt, 50 g geriebener Käse,
100 – 150 g kleingewürfeltes, gekochtes Hühnerfleisch,
40 g ungehärtete Pflanzenmargarine.

Hirsotto zubereiten etwas abkühlen lassen. Mit Eigelb, geriebenem Käse und dem Hühnerfleisch vermengen, das geschlagene Eiklar unterheben. In eine gefettete Auflaufform geben und bei 200° (Gasherd Stufe 3) ca. 30 – 40 Minuten überbacken. Dazu paßt eine Rohkostplatte.

Hirseauflauf, pikant

(mit ganzer Hirse)

20 g Pflanzenöl (2 Eßl.),
1 kleine Zwiebel,
200 g Hirse, 500 ml Flüssigkeit,
Hefewürze, Lorbeerblatt,
Pfeffer, Vollmeersalz,

200 g Champignons,
200 g Erbsen (tiefgekühlt und blanchiert),
1 Knoblauchzehe, zerdrückt,
10 g Sojamehl, 2 Eier,
2 Eßl. Magermilchpulver,
4 Eßl. Wasser, Muskat, Pfeffer,
50 g geriebener Käse.

In heißem Pflanzenöl die geschnittene Zwiebel und die gewaschene Hirse kurz andünsten. Mit heißer Flüssigkeit auffüllen, mit Hefewürze, Pfeffer, Vollmeersalz abschmecken und zusammen mit dem Lorbeerblatt ca. 15 Minuten kochen (bei kleiner Flamme und geschlossenem Deckel).
Hirse mit Champignonscheiben, Erbsen, Knoblauch und Sojamehl vermengen. Eier, Magermilchpulver, Wasser und Gewürze verquirlen und über die Gemüsehirse geben. In eine gefettete Auflaufform geben und mit Käse überstreuen. Bei 200 – 220° (Gasherd Stufe 3 – 4) ca. 15 Minuten im Backofen überbacken. Dazu eine Rohkostplatte.

Hirse-Fleischklöße

Resteverwertung

Ca. 100 – 150 g gekochte Hirse,
250 g Hackfleisch/Faschiertes (halb und halb),
1 – 2 Eier,
10 – 20 g Sojamehl (1 – 2 Eßl.),
evtl. 1 Eßl. Vollkornbrösel,
Salz, Pfeffer, Hefewürze,
Liebstöckel, gehackt, etwas Majoran.

Die gekochte Hirse zerkleinern (am besten im Multiquick) und mit den übrigen Zutaten vermischen. Mit einem Löffel Klöße abstechen und in leise kochemden Wasser ca. 15 Minuten garen. – Eine ideale Resteverwertung!
Dazu paßt Tomaten- oder Käsesauce.

Gefüllte Tomaten mit Hirse

(mit ganzer Hirse)
Resteverwertung!

8 mittelgroße Tomaten/Paradeiser,
Salz, Pfeffer,
20 g ungehärtete Pflanzenmargarine,
250 g Champignons,
1 Teel. Liebstöckel oder Petersilie, gehackt,
Salz, Pfeffer,
ca. die Hälfte des Hirsotto Grundrezept Seite 78.
20 g geriebener Käse (45 % Fett).

Tomaten aushöhlen, leicht salzen und pfeffern. Die blättrig geschnittenen Champignons in heißem Pflanzenfett einige Minuten dünsten, Liebstöckel, Salz und Pfeffer zugeben.
Die gekochte Hirse mit den Pilzen vermischen und in die Tomaten füllen. Mit geriebenem Käse bestreuen.
In eine gefettete Auflaufform setzen und bei 180° (Gasherd Stufe 2) ca. 30 Minuten überbacken.

Hirsebratlinge

(mit ganzer Hirse)

20 g Pflanzenmargarine, ungehärtet,
1 kleine Zwiebel,
250 g ganze Hirse,
500 – 600 ml Brühe,
1 Lorbeerblatt, Salz, Pfeffer,
1 – 2 Eier,
Vollkornsemmelbrösel,
1 Bund Petersilie,
1 Bund Schnittlauch,
etwas Majoran, Salz, Kokosfett.

Zubereitung, siehe Hirsotto Grundrezept, Seite 78.
Die Masse mit Ei, Semmelbrösel, den gehackten Kräutern, Majoran, Salz vermengen und mit Hilfe von Semmelbröseln kleine flache Bratlinge formen. In heißem Kokosfett von beiden Seiten goldgelb braten. Dazu passen Pilzgerichte.

Hirse-Kartoffelpuffer

(mit Hirseflocken)

Ca. 800 g Kartoffeln,
50 g Hirseflöckli (6 – 7 Eßl.),
20 g Sojamehl (1 – 2 Eßl.), 2 Eier,
1 mittelgroße Zwiebel,
Salz, etwas Muskatblüte,
Kokosfett zum Braten.

Kartoffeln schälen und reiben, auf einem Sieb etwas abtropfen lassen. Hirseflocken, Sojamehl, Eier und die ebenfalls geriebene Zwiebel mit den Kartoffeln vermischen und mit Salz und Muskatblüte abschmecken. Kokosfett in der Pfanne erhitzen, mit der Schöpfkelle die Masse hineingeben, flach drücken und von beiden Seiten goldgelb braten. Das Fett zwischendurch erneuern!
Dazu paßt Apfelmus.

Hirseflöckliauflauf mit Quark (Topfen)

200 – 250 g Magerquark
2 – 3 Eßl. Milch,
2 Eier, getrennt,
50 –70 g Hirseflöckli (7 – 8 Eßl.),
40 g Honig (3 Eßl.),
30 g grob gehackte Nüsse (3 Eßl.),
1 großer Apfel oder 250 g Aprikosen.

Quark, Milch und Eigelb miteinander verrühren. Hirseflöckli, Honig und Nüsse zugeben, ebenfalls die blättrig geschnittenen Äpfel oder Aprikosenachtel.
Den geschlagenen Eischnee locker unterziehen. In eine gefettete Auflaufform füllen und bei 200° (Gasherd Stufe 3) ca. 30 – 40 Minuten backen.
Dazu paßt als »Fruchtsauce« Aprikosen- oder Pfirsichsaft. Der Auflauf schmeckt ebenfalls sehr gut mit Sauerkirschen.

Hirsepfannkuchen I (Palatschinken)

(mit ganzer Hirse, geschrotet)

250 g Hirsemehl,
4 Eier,
1/4 l Milch,
1 Prise Salz,
10 – 20 g Zucker (1 – 2 Eßl.),
Kokosfett zum Ausbraten.

Gut getrocknete Hirse fein schroten. Eier und Milch dazu geben, abschmecken und nach und nach Pfannkuchen in heißem Kokosfett ausbraten.
Den Zutaten können ca. 200 g dünne Apfelscheiben und 1 Schuß Rum zugegeben werden, um sie als *Apfelpfannkuchen aus Hirse* zu servieren.
Die Pfannkuchen können auch pikant (ohne Zukker) mit Champignons und Salat gereicht werden.

Hirsepfannkuchen II (Palatschinken)

(mit Hirseflocken)

50 g Magerquark (Topfen),
50 g ungehärtete Pflanzenmargarine,
3 Eier, 175 ml Milch,
80 – 100 g Hirseflocken,
100 g Rosinen,
1 Prise Salz,
10 g Honig (1 Eßl.),
etwas abgeriebene Zitronenschale,
Kokosfett.

Alle Zutaten vermengen, abschmecken und den Teig nach und nach zu Pfannkuchen ausbacken.
Die Pfannkuchen können auch zerrupft und als »Schmarrn« serviert werden.
Dazu schmeckt eine Fruchtsauce oder gedünstete Zwetschgen.

Hirsesalat

(mit ganzer Hirse)

150 g Hirse,
150 g Möhrenwürfel, gekocht,
150 g Erbsen, gekocht,
2 Gewürzgurken.

Sauce:
40 g Sonnenblumenkaltpreßöl (4 Eßl.),
Saft von 1 Zitrone,
etwas Senf,
etwas Apfeldicksaft,
Salz, Pfeffer, wenig Knoblauchpulver.

Hirse nach Hirsotto-Grundrezept (Seite 78) besonders körnig zubereiten. Gekochte Möhrenwürfel, Erbsen und gewürfelte Gewürzgurke damit vermengen.
Aus Öl, Zitronensaft, Senf, Apfeldicksaft, Salz, Pfeffer und etwas Knoblauchpulver eine Sauce herstellen (evtl. mit etwas Wasser verdünnen) und mit der Gemüsehirse vermengen.
Gut durchziehen lassen.

Hirsecreme mit Sahne

(mit ganzer Hirse)

1 l Milch,
200 g Hirse, geschrotet,
40 – 60 g Honig (5 Eßl.),
Zitronensaft, Vanillezucker,
100 g gehackte Haselnüsse,
1/8 l Sahne.

Milch zum Kochen bringen, das Hirsemehl einlaufen lassen und bei kleiner Flamme 5 – 10 Minuten garen. Etwas abkühlen lassen, dann mit Honig, Zitronensaft, Vanillezucker und Haselnüssen abschmecken, kalt stellen und mit geschlagener Sahne garnieren.

Mais (auch Kukuruz und Türken genannt)

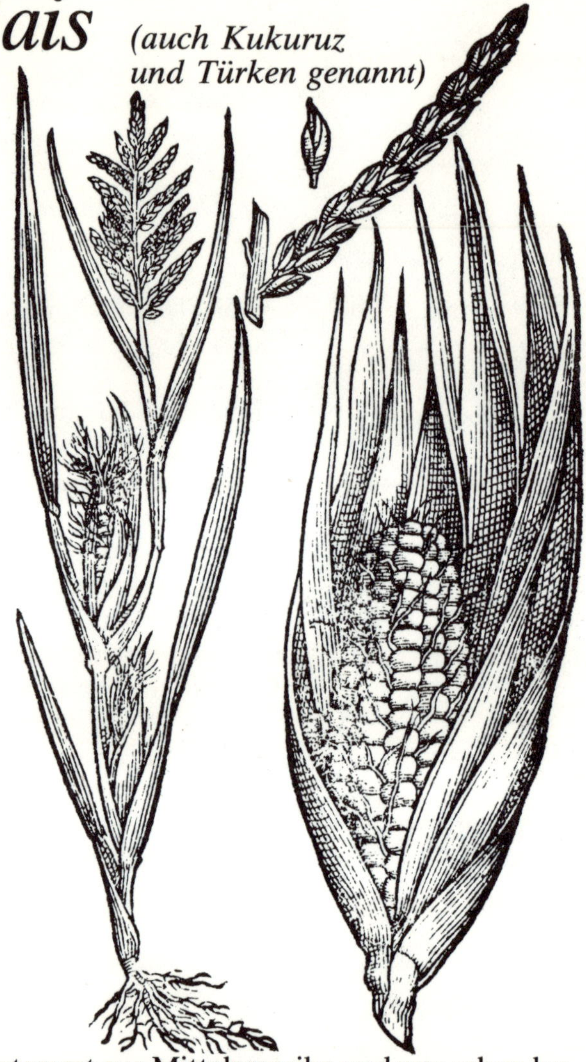

Mais

Mais stammt aus Mittelamerika und war schon lange vor Columbus bei den Indios verbreitet. Erst die Spanier brachten ihn mit nach Europa, verfütterten

---

Gefüllte Tomaten mit Hirse, Seite 80,
frische Maiskolben, Seite 94
Mexiko-Topf, Seite 93

▷

ihn allerdings zu Anfang nur dem Vieh. Heute wird er in allen wärmeren Gegenden Europas und in USA angebaut und liegt bei der jährlichen Welternte dicht hinter Weizen und Reis. In weiten Teilen der Welt ist er das Hauptnahrungsmittel.

Die Maiskolben enthalten zahlreiche bis zu 6 – 10 Reihen dicht aneinandergedrückte Körner mit glänzender Oberfläche und gelber Farbe.

Mais hat vor allem in USA als Gemüse eine große Bedeutung. Er wird als Kolben gekocht, entkörnt als Beilage serviert oder zu Salaten verarbeitet. Neben seiner Verwendung als Gemüse wird Mais auch zu anderen Nahrungsmitteln weiterverarbeitet.

Nach der Trocknung wird Mais auf Walzen geschrotet und zu Grieß und Mehl verarbeitet.

Maisgrieß wird am häufigsten als Brei-Polenta verzehrt, während Maismehl für die Herstellung von Klößen, Pfannkuchen und Puddings verwendet wird. Wegen des Fehlens von Kleber ist Maismehl nur bedingt backfähig und wird häufig mit Weizenmehl gemischt.

Aufgrund des relativen hohen Fettgehaltes sind diese Produkte höchstens 3 Monate lagerfähig.

Für die Maisölherstellung wird vor der Vermahlung der Keimling abgetrennt und gepreßt. Die übrigbleibende Stärke wird als Maisstärke angeboten.

Um Puffmais herzustellen wird das gereinigte Getreide durch einen Hitzestoß ausgetrocknet oder einem Dampfdruck ausgesetzt. Das Kornvolumen wird um das 8 – 10-Fache vergrößert. Durch anschließendes Rösten gewinnt das gepuffte Getreide eine knusprige Beschaffenheit.

Maisprodukte spielen bei der Ernährung des Zöliakiekranken (Unverträglichkeit gegenüber Klebereiweiß) eine große Rolle.

◁ *Hirseflöckliauflauf mit Quark, Seite 81*

Maisbrei

(mit Maismehl)

1 $^{1}/_{4}$ l Flüssigkeit ($^{1}/_{2}$ Wasser, $^{1}/_{2}$ Milch),
200 g Maismehl,
1 Teel. Salz (evtl. Zucker, Zimt, Semmelbrösel, Mandelsplitter).

Flüssigkeit zum Kochen bringen und das Maismehl einlaufen lassen. Ca. 15 Minuten bei kleiner Flamme garen.
Der Maisbrei kann mit Zucker und Zimt, mit gerösteten Semmelbröseln oder gerösteten Mandelsplittern serviert werden.

Maisbrei, pikant

1 l Wasser,
1 Teel. Hefebrüheextrakt,
Salz, Lorbeerblatt, 1 Zwiebel,
150 g Maismehl,
40 g geriebener Käse.

Wasser zum Kochen bringen, gut würzen und das Maismehl einlaufen lassen. Ca. 15 Minuten ausquellen lassen, Lorbeerblatt und Zwiebel entfernen und mit geriebenem Käse bestreuen.
Dieser Brei paßt zu allen Gemüsegerichten.

Tortilla

Sie ist das tägliche Brot des Mexikaners und wird in allen Variationen kalt oder heiß mit Fleisch, Gemüse oder Fisch gefüllt.
150 g Maismehl,
1 Teel. Salz,
$^{1}/_{8}$ – $^{1}/_{4}$ l Wasser,
Kokosfett zum Ausbacken.

Aus Maismehl, Salz und Wasser einen Kneteteig herstellen und kleine Kuchen in heißem Kokosfett ausbacken.

Türkensterz

(mit Maisgrieß)

750 ml Wasser,
1 Prise Salz,
250 g Maisgrieß.

Den Maisgrieß vortrocknen, eventuell kurz in den Backofen schieben, ansonsten in der Nähe des Heizkörpers. Das Salzwasser in einem weiten Topf aufkochen, Maisgrieß flach darüber verteilen, so daß er oben schwimmt. Die Masse in der Mitte teilen, so daß das Wasser durchkochen kann. Nach etwa 20 Minuten alles durchrühren und den Topf von der Kochstelle nehmen. Noch 10 Minuten im Topf nachquellen lassen. Zu Sterz, das sind kleine Bröckchen, ähnlich wie Schmarrn, abrühren. Dazu eine grobzinkige Gabel in eine Richtung zum Rand des Topfes durch die Masse ziehen und den Sterz auf einen Teller geben.
Türkensterz kann zum Frühstück mit süßer Milch oder Malzkaffee und als Abendessen mit dicker Sauermilch serviert werden.

Polenta

(mit Maisgrieß)

1 l Wasser,
Salz, 1 Teel. gekörnte Brühe,
250 g Maisgrieß, 50 g Maismehl.

Wasser zum Kochen bringen und würzen, Maisgrieß einlaufen lassen ca. 15 Minuten bei kleiner Flamme kochen lassen, Maismehl zugeben. Nochmals ca. 10 Minuten unter ständigem Rühren (bis sich der Brei vom Boden löst) kochen lassen, dann servieren. Zur Dekoration kann man diesen Brei in eine ausgespülte Kuchenform füllen und stürzen, evtl. mit Kräutern bestreuen.
Dazu passen Ratatouille, Pilzgulasch, Hühnerfrikassee, Kalbsfrikassee oder auch Hammelbraten.

Maissuppe mit Tomaten (Paradeiser)

(mit Maisgrieß)

20 g ungehärtete Pflanzenmargarine,
1 mittelgroße Zwiebel,
ca. 1 l Gemüsebrühe
oder 1 l Wasser mit Gemüsebrüheextrakt,
60 g grober Maisgrieß,
1/8 l Milch,
Salz, Muskat, Pfeffer,
4 Tomaten/Paradeiser,
4 Teel. Schnittlauchröllchen.

Pflanzenfett erhitzen, die geschnittene Zwiebel kurz andünsten und mit Gemüsebrühe aufgießen. Zum Kochen bringen und den Maisgrieß einlaufen lassen. Bei kleiner Flamme ca. 15 – 20 Minuten ausquellen lassen, dann die Milch zugeben und abschmecken mit Salz, Muskat und Pfeffer.
Tomaten enthäuten, die Kerne herausdrücken und in kleine Würfel schneiden, zusammen mit dem Schnittlauch in den Tassen oder Tellern verteilen, die heiße Suppe zugießen.

Maissuppe mit Rosinen

(mit Maisgrieß)

1 l Wasser,
Zitronenschale von 1/2 unbehandelten Zitrone,
60 g grober Maisgrieß,
80 – 100 g Rosinen,
1/8 l Milch,
1 Prise Salz, 1 Prise Zucker,
etwas Zitronensaft.

Wasser mit Zitronenschale zum Kochen bringen. Maisgrieß einlaufen lassen und ca. 15 – 20 Minuten bei kleiner Flamme ausquellen. Zwischenzeitlich nach ca. 10 Minuten die Rosinen zugeben und mitquellen lassen. Zum Schluß die Milch zugießen und mit Salz, Zucker und evtl. Zitronensaft abschmekken. Beim Anrichten evtl. leicht mit Zimt bestäuben.

Maisriebel, pikant

(mit Maisgrieß)

Zubereitung siehe Polenta Seite 89.

Polenta in die Bratpfanne zu dem erhitzten Pflanzenfett geben und die Masse auseinanderzupfen, bis sich goldgelb angebratene Knollen ergeben haben.
Diese Riebeln werden in manchen Gegenden der Schweiz zum Frühstück gegessen, manchmal zusammen mit dünnflüssigem Rührei.
Sie können auch ein Hauptgericht mit Salat und kurzgebratenem Fleisch komplett machen.

Maisklößchen

(mit Maisgrieß)

1 l Wasser, Salz,
300 g Maisgrieß,
50 g Butter oder Pflanzenmargarine,
30 – 40 g Vollkornbrösel.

Wasser zum Kochen bringen, leicht salzen. Den Maisgrieß einlaufen lassen und ca. 30 – 40 Minuten bei kleiner Flamme garen (es empfiehlt sich zwischen Topf und Herdplatte eine Asbestplatte zu legen).
Zwischenzeitlich Butter zerlaufen lassen und die Brösel leicht bräunen.
Wenn die Maismasse fest ist, mit 2 Löffeln Klöße abstechen und auf einer vorgewärmten Platte anrichten. Mit den Bröseln bestreuen.
Die Klöße können zu einem pikanten Gericht als Beilage serviert werden oder aber als Hauptgericht mit Heidelbeeren oder anderen Früchten nach einer Gemüsesuppe.

Maisklößchen mit Käse

Zubereitung siehe oben, statt mit Semmelbröseln werden die Klöße mit geriebenem Käse bestreut. Dazu paßt eine Rohkostplatte.

Gefüllte Tomaten mit Mais und Soja

(mit Maiskörnern aus der Dose)

4 – 6 große Fleischtomaten/Paradeiser,
1 kleine Dose Gemüsemais,
$^1/_2$ Salatgurke,
1 mittelgroßer Apfel,
5 Sojaschnitten aus der Dose.

Sauce:
wie Maissalat mit Paprika, Seite 95,
1 Bund Petersilie.

Die Tomaten oben abschneiden (Deckel zurücklassen) und aushöhlen. Mais abtropfen lassen. Gurke, Apfel und Sojaschnitten in Würfel schneiden. Mit der Sauce und gehackter Petersilie vermengen und in die Tomaten füllen.
Gut geeignet für ein kaltes Buffett.

Polentaauflauf mit Hackfleisch

(mit Maisgrieß)

$^1/_2$ l Milch,
$^1/_4$ – $^1/_2$ l Wasser,
Salz,
20 g ungehärtete Pflanzenmargarine,
200 g Maisgrieß,
30 g ungehärtete Pflanzenmargarine,
1 mittelgroße Zwiebel,
250 g Hackfleisch (Faschiertes), gemischt,
Salz, Pfeffer, Majoran,
2 – 3 Eßl. Tomatenmark,
1 kleine Dose Champignons,
2 Tomaten/Paradeiser,
1 Bund Schnittlauch.

Milch, Wasser, Salz und Fett zum Kochen bringen. Maisgrieß einlaufen lassen und ca. 15 – 20 Minuten bei kleiner Flamme ausquellen. Die Masse auf eine

gefettete Alufolie streichen, erkalten lassen und in Quadrate, die in eine Auflaufform passen müssen, schneiden. In heißem Pflanzenfett, Zwiebelwürfel und Hackfleisch andünsten, würzen und ca. 10 – 15 Minuten garen. Abschmecken und mit Tomatenmark und den geschnittenen Pilzen vermengen. Abwechselnd mit den Polentascheiben in die gefettete Auflaufform schichten und mit Tomatenscheiben belegen. Bei 200° (Gasherd Stufe 3) ca. 30 Minuten backen, dann mit Schnittlauchröllchen bestreuen.
Dazu paßt eine Gemüseplatte.

Mexico-Topf

(mit Mais aus der Dose und Langkorn-Naturreis)

20 g Pflanzenfett,
250 g Hackfleisch/Faschiertes,
3 mittelgroße Zwiebeln,
3 Knoblauchzehen,
150 g Langkornreis,
Salz, Pfeffer, Chilipulver,
1 kleine Dose geschälte Tomaten,
1 Teel. Gemüsebrüheextrakt,
1 kleine Dose Gemüsemais,
Salz, Pfeffer, Majoran,
4 Eßl. süße Sahne,
Petersilie.

Fett erhitzen, Hackfleisch, geschnittene Zwiebel, Knoblauch und Reis kurz andünsten. Mit etwas Wasser angießen. Salz, Pfeffer, Chili, Gemüseextrakt und die geschälten Tomaten zugeben und ca. 25 Minuten bei kleiner Flamme garen. Mais gut abtropfen lassen, mit den übrigen Zutaten vermengen, nochmals aufkochen und abschmecken. Sahne und gehackte Petersilie zugeben.
Dazu paßt grüner Blattsalat.

Maisschnitten, gebraten

1 l Wasser,
Salz, 1 Teel. gekörnte Brühe,
250 g Maisgrieß,
50 g Maismehl, 2 Eier,
80 – 100 g Vollkornsemmelbrösel,
Kokosfett.

Grundrezept siehe Polenta Seite 89.
Den Brei ebenfalls auf ein Backbrett oder eine Marmorplatte ausstreichen und Rechtecke schneiden. Diese zuerst in verquirltem Ei, dann in Semmelbrösel wenden und in heißem Kokosfett braten.

Die Schnitten passen zu pikanten Gerichten als Beilage, können aber auch mit eingeweichtem Trockenobst als Hauptgericht serviert werden.

Maiskolben, frisch

4 mittelgroße Maiskolben,
2 l Wasser, Salz,
40 g Butter.

Die Maiskolben von den umhüllenden Blättern befreien und in ca. 40 – 50 Minuten garkochen (Dampfdrucktopf ca. 20 – 25 Minuten).
Mit Butter servieren.
Die Maiskolben können auch gegrillt werden, sollten dann aber ab und zu eingefettet werden.
Sie passen als Beilage zu fast allen Gerichten.

Maiskörner, frisch

200 – 250 g Maiskörner,
1 l Wasser, Salz, Hefewürze,
Gemüsebrüheextrakt,
20 g ungehärtete Pflanzenmargarine,
Petersilie.

Maiskörner einige Stunden einweichen, dann in Wasser mit Gewürzen und Gemüsebrüheextrakt ca. 50 Minuten garen. In Pflanzenfett schwenken und mit gehackter Petersilie vermischen.
Paßt als Beigabe zu vielen Gerichten, und kann wie Maiskörner aus der Dose verwendet werden.

Maissalat mit Paprika

(mit Maiskörnern aus der Dose)

1 kleine Dose Gemüsemais,
1 rote Paprikaschote,
1 grüne Paprikaschote,
1 mittelgroße Zwiebel.

Sauce:
40 g Sonnenblumenkaltpreßöl,
2 – 3 Eßl. Obstessig,
1 Prise Salz, 1 Prise Pfeffer,
Paprika, Zwiebelpulver.

Mais abtropfen lassen. Paprika waschen, Kerne erntfernen und in kleine Würfel schneiden. Ebenfalls die Zwiebel.
Für die Sauce alle Zutaten miteinander vermischen und über den Mais geben. Gut durchziehen lassen.

Kürbismus mit Maismehl

800 – 1000 g Kürbis, wenig Wasser,
3 – 4 Zitronenscheiben, 1 Zimtstange,
80 – 100 g Maismehl,
40 g Pflanzenmargarine, ungehärtet,
40 g Honig (2 Eßl.), Ingwer nach Geschmack.

Kürbis schälen, in Stücke schneiden und mit Zitronenscheiben und Zimtstange in Wasser ca. 30 – 40 Minuten kochen. Pürieren und mit Maismehl andicken. Die Pflanzenmargarine zugeben und mit Honig und Ingwer abschmecken.

Die Menge kann halbiert und eingefroren werden. Das Mus paßt sehr gut in die chinesische Küche. Auch zu gegrillten Hähnchen schmeckt es köstlich.

Mais-Tomaten-Plätzchen

(mit Maisgrieß und Maismehl)

1 l Wasser,
Salz, 1 Teel. gekörnte Brühe,
250 g Maisgrieß,
50 g Maismehl,
4 Tomaten/Paradeiser,
2 Eßl. Tomatenmark,
Majoran, Thymian,
Hefewürze, Salz,
50 g geriebener Käse.

Grundrezept Polenta Seite 89.
Den steifen Maisbrei auf einem befeuchteten Backbrett ca. 2 cm dick ausstreichen. Mit einer Tasse runde Plätzchen ausstechen. Diese mit Tomatenscheiben belegen und mit einer Masse aus Tomatenmark, Majoran, Thymian, Hefewürze und Salz bestreichen. Mit geriebenem Käse bestreuen.
Auf ein gefettetes Backblech setzen und bei 220° (Gasherd Stufe 3 – 4) ca. 15 Minuten überbacken.

Maisriebeln, süß

(mit Maismehl und Maisgrieß)

1 l Wasser,
1 Prise Salz,
Zitronenschale von 1/2 unbehandelten Zitrone,
250 g Maisgrieß,
50 g Maismehl,
50 g Rosinen,
50 g gehackte Mandeln,
20 g Sonnenblumenkaltpreßöl.

Wasser zum Kochen bringen, Salz und Zitronenschale hinzugeben und Maisgrieß einlaufen lassen. Ca. 15 Minuten bei kleiner Flamme garen, dann Maismehl, Rosinen und Mandeln zugeben. Nochmals ca. 10 Minuten unter ständigem Rühren (siehe Polenta) kochen.
Alles in eine Bratpfanne zum erhitzten Pflanzenöl geben und die Masse auseinanderzupfen, bis sich goldgelb angebratene Riebeln ergeben haben.
Sie werden als Nachspeise mit Vanillesauce serviert. Auch leicht geschlagene Dickmilch paßt dazu.

Maiswaffeln mit Mandeln

(mit Maismehl)

200 g Maismehl,
50 g Weizenmehl, Type 1050,
80 – 100 g gehackte Mandeln,
3 Eier, 50 g Butter,
200 – 250 ml Wasser,
60 g Zucker,
1 Schuß Rum.

Maismehl, Weizenmehl, gehackte Mandeln, Eier, zerlassene Butter, Wasser, Zucker und Rum zu einem flüssigen Teig verarbeiten. Waffeleisen vorheizen, einfetten und den Teig mit einer Schöpfkelle hineingeben. Nicht zu heiß ca. 5 – 7 Minuten backen.
Schmecken gut ganz frisch mit Vanillesauce.

Reis

Reis

Reis ist eine uralte asiatische Kulturpflanze und wird auch heute noch vorwiegend in Vorder- und Hinterindien, China und Japan, allerdings auch in

USA und Europa angebaut. Die Reispflanze braucht viel Wärme und Feuchtigkeit um zu gedeihen. Die jährliche Welternte übertrifft alle Getreidearten, denn Reis ist für die Hälfte der Erdbevölkerung das Hauptnahrungsmittel.
Ein Reiskorn hat zwei Schalen. Die harte Hülse, die nach der Ernte entfernt wird, und die sogenannte Silberhaut. In der Silberhaut stecken vor allem Vitamine der B-Gruppe, Mineralstoffe, aber auch Fett und Eiweiß. Reis, bei dem die äußere Hülse entfernt wurde, das Silberhäutchen aber noch erhalten ist, nennt man »Naturreis«.
Naturreis ist immer ungeschält, nicht poliert und enthält noch alle Nährstoffe. Er ist hellbraun, schimmert etwas silbrig an der Oberfläche und bleibt auch beim Kochen bräunlich.
Ähnlich ist »Parboiled Reis«, er ist ebenfalls reich an Vitaminen und Mineralstoffen. Durch ein besonderes Verfahren werden diese Stoffe von der Silberhaut ins Innere gedämpft. Dieser Reis ist heller als Naturreis.
»Weißreis« dagegen ist geschliffen (poliert). Es fehlen ihm wichtige Vitamine, Mineralstoffe, Spurenelemente und Ballaststoffe. Wahrscheinlich benutzen Sie diesen Reis am häufigsten, aber Sie sollten Naturreis unbedingt einmal probieren. Neben dem erheblichen Vitamin- und Mineralstoffunterschied hat er auch einen höheren Sättigungswert. Sie brauchen deshalb weniger an Menge, um satt zu werden.
Im Handel sind neben Naturreis, Parboiled Reis und Weißreis noch Reisflocken, Weismehl und Puffreis erhältlich. Eine besondere Delikatesse ist der »wilde« Reis. Er ist allerdings teuer und wird nur in manchen Feinkostgeschäften und Spezialabteilungen der Kaufhäuser angeboten.

Reis – Grundrezept I

1 – $1^1/_2$ l Wasser,
Vollmeersalz,
1 Lorbeerblatt,
$^1/_2$ Zwiebel,
200 – 250 g Naturreis.

Wasser würzen und zum Kochen bringen, dann gewaschenen Reis hineingeben und sprudelnd ca. 25 – 30 Minuten kochen. Abgießen und als Beilage servieren.
Diese Garungsart ist auch zur Vorbereitung für Salate oder zur Weiterverarbeitung gedacht.

Reis – Grundrezept II

(mit Langkorn-Naturreis)

200 g Naturreis,
20 g Kaltpreßöl,
1 Zwiebel, $^1/_2$ l Wasser,
1 Eßl. Gemüsebrühe (Extrakt), Lorbeerblatt,
Pfeffer, Salz, Hefewürze.

Naturreis waschen, abtrocknen und zusammen mit der geschnittenen Zwiebel in heißem Pflanzenöl leicht andünsten. Wasser mit Gemüsebrühe, Lorbeerblatt, Pfeffer, Salz und Hefewürze zum Kochen bringen. Über den Reis gießen. Bei geschlossenem Topfdeckel ca. 20 – 30 Minuten ausquellen lassen.

Dieses Rezept kann mit verschiedenen Gemüsen oder Gewürzen verändert werden, z. B. mit Erbsen zu Risi Bisi, mit Pilzen, Lauch, Paprika und Tomaten.

Noch ein Tip: Jeder der gerne Reis ißt, hat »sein« Maß, meist eine Tasse. Es gilt die Faustregel: 1 Tasse Langkornreis dazu 2 Tassen kochendes Wasser. 1 Tasse Rundkornreis dazu $1^1/_2$ Tassen Wasser.

Wilder Reis

150 – 200 g wilder Reis,
ca. 1 l Wasser, Salz.

Den Reis kurz waschen und in kochendes Salzwasser geben. Bei geringer Hitzezufuhr ca. 20 bis 25 Minuten leicht kochen lassen.
Auch dieser Reis kann zuvor in etwas Fett angedünstet werden.
Diese teuere Delikatesse wird preiswerter, wenn man den wilden Reis zur Hälfte mit Langkorn-Naturreis vermischt und nach dem Grundrezept II zubereitet.

Müsli mit Reisflocken

Für 1 Person
150 g Sanoghurt (3,5 % Fett),
100 g Obst der Jahreszeit,
etwas Zitronensaft,
1 Teel. Honig, 20 g gehackte Nüsse,
20 g Reisflocken (3 Eßl.).

Sanoghurt verrühren, Obst hineinschneiden, abschmecken, zum Schluß die Reisflocken unterheben. Sofort verzehren, damit die Flocken nicht matschig werden.

Krafttrank

(mit Reisflocken)

Für 1 Person
150 g Milch,
20 g Haselnußmus (1 Eßl.),
1 Banane,
1 Teel. Honig, etwas Zitronensaft,
10 g Reisflocken (1 – 2 Eßl.).

Alle Zutaten miteinander verquirlen. Kühl servieren!

Reissuppe mit Curry

(mit Rundkorn-Naturreis)

80 – 100 g Naturreis,
3/4 l Salzwasser oder Hühnerbrühe,
(oder Wasser, gewürzt mit 1 Teel. Fleisch- oder Hefebrüheextrakt),
Salz, Pfeffer, Muskat, Curry,
3 – 5 Eßl. süße Sahne,
evtl. 100 g gekochtes Hühnerfleisch,
20 g Mandelsplitter.

Reis in Salzwasser ca. 25 – 30 Minuten kochen. Abschmecken mit Salz, Pfeffer, Muskat und Curry. Die Sahne und das geschnittene Hühnerfleisch zum Schluß unterrühren, nochmals aufkochen lassen und mit Mandelsplittern bestreuen.

Reissuppe mit Schnittlauch

(mit Langkorn-Naturreis)

80 – 100 g Naturreis,
20 g Pflanzenmargarine, ungehärtet,
2 Zwiebeln,
1 l Gemüsebrühe, Salz, Pfeffer,
Selleriesalz, 2 Eigelb,
2 Bund Schnittlauch.

Reis waschen, in heißem Pflanzenfett zusammen mit den Zwiebeln andünsten. Mit der Gemüsebrühe aufgießen und ca. 25 – 30 Minuten bei kleiner Flamme garen. Abschmecken mit Salz, Pfeffer und Selleriesalz. Mit verquirltem Eigelb legieren und mit Schnittlauchröllchen bestreuen.
Nicht mehr aufkochen!

Reisklöße, pikant

(mit Rundkorn-Naturreis)

200 g Naturreis,
500 – 600 ml Wasser,
Salz, Hefebrühe, Lorbeerblatt, 20 – 30 g Butter oder 1 kleine Dose vegetarische Paste,

---

Lasagne, Seite 131, Vollkornnudeln, Seite 130 ▷

2 – 3 Eier, Salz, Muskat,
30 – 40 g Vollsojamehl (3 – 4 Eßl.),
3 – 4 Eßl. gehackte Petersilie.

Reis waschen und in kochendes, mit Salz, Hefebrühe und Lorbeerblatt gewürztes Wasser geben. Ca. 25 – 30 Minuten bei kleiner Flamme ausquellen lassen. Die Masse leicht abkühlen lassen und die Butter oder Paste, Eier, Salz, Muskat, Sojamehl und Petersilie einarbeiten. Mit feuchten Händen Klöße formen und in ca. 3 l kochendem Wasser bei kleiner Flamme ca. 15 Minuten ziehen lassen.
Dazu passen Gemüseplatten, Pilzgulasch, Sojagulasch oder Fleischspeisen.

Safranreis nach spanischer Art

(mit Langkorn-Naturreis)

2 Eßl. Olivenöl, extra vergine,
2 mittelgroße Zwiebeln,
350 g Naturreis,
3/4 l Wasser, 8 g Salz, knapp 1 g Safran.

In einer großen, tiefen Eisenpfanne das Öl erhitzen, Zwiebelwürfel darin glasig anbraten, Reis zugeben und unter ständigem Umrühren die Reiskörner mit dem Öl überziehen. Der Reis darf nicht braun werden! Kochendes Wasser, Salz und Safran zugeben und den Reis unter Umrühren aufkochen lassen. Bei kleiner Flamme und mit geschlossenem Deckel den Reis ca. 20 – 30 Minuten leise kochen lassen, bis alle Flüssigkeit aufgesogen ist. Der Reis hat dann noch einen leichten »Biß«, so wie Spaghetti al dente. Soll der Reis noch nicht gleich serviert werden, mit Alufolie abdecken und bei ca. 80° im Backofen aufbewahren.

Grünkernbratlinge, Seite 60,
Graupensuppe, Seite 49
◁ *Körnlsalat mit Paprika und Tomaten, Seite 132*

Paella

(mit Langkornreis)

Eines der berühmtesten Reisgerichte ist die »Paella«, beheimatet in der Gegend von Valencia, aber inzwischen über ganz Spanien in unzähligen Variationen verbreitet. Nachfolgend ein Rezept einer etwas »aufwendigen« Paella, die Sie aber beliebig variieren und von der Sie auch etwas weglassen können (Variationsmöglichkeiten sind z. B. Lammfleisch statt Kalbfleisch, Geflügelleber, Krabben anstelle von Langostinos, Seefisch anstelle von Fleisch usw.). Das Rezept ist dem »Eintopfbuch« von Fred Metzler und Klaus Oster, erschienen im Hädecke Verlag, entnommen.

1 kg Miesmuscheln, 1 Huhn von ca. 1 kg,
200 g mageres Kalbfleisch,
1 Scheibe Kalbsleber,
1/8 l Olivenöl, 2 Zwiebeln,
2 Paprikaschoten (rot und grün),
750 g Scampi oder Langostinos,
2 Zucchini, 5 große Tomaten,
3 Knoblauchzehen, 250 g Reis (Rohgewicht),
1 g Safran, ca. 1 l Fleischbrühe,
200 g Tiefkühlerbsen,
10 grüne und 10 schwarze Oliven,
1 Glas herber Weißwein,
eventuell Salz und Pfeffer.

Die Muscheln sorgfältig waschen und in einer Pfanne bei starker Hitze auf dem Feuer lassen, bis alle geöffnet sind. Nun abtropfen, die Schalenhälfte ohne Fleisch ablösen, den Sud durchseihen und beiseite stellen.
Das Huhn in kleine Stücke zerteilen und mit dem gewürfelten Fleisch in einer eisernen Pfanne im stark erhitzten Öl bräunen.
Die klein gehackten Zwiebeln und die in Streifen geschnittenen Paprikaschoten mit den rohen Scam-

pi in der Schale dazugeben, gut vermischen und 10 Minuten zugedeckt dünsten.
Die Zucchini schälen, die Tomaten häuten, beides in Stücke schneiden, den Knoblauch zerstoßen und mit dem Muschelsud in die Pfanne schütten. Zugedeckt 1 Stunde weiterdünsten, dann Reis und Safran zufügen und soviel Brühe, daß alles bedeckt ist. Noch 20 Minuten bei schwacher Hitze kochen. 10 Minuten vor dem Garwerden die Erbsen, Muscheln, Oliven und den Weißweiß dazugeben und eventuell mit Salz und Pfeffer abschmecken.

Reisküchle mit Kräutern

(mit Langkorn-Naturreis)

150 g Naturreis,
knapp 1/2 l Wasser,
1 Lorbeerblatt,
Hefewürze, Salz, Pfeffer,
1 mittelgroße Zwiebel,
2 Knoblauchzehen,
Kerbel, Dill, Liebstöckel (möglichst frisch),
Salz, Pfeffer,
1 – 2 Eier,
2 – 3 Eßl. Vollkornsemmelbrösel,
Kokosfett.

Reis waschen und in gut gewürztem kochendem Wasser ca. 25 Minuten garen. Etwas abkühlen lassen und, wenn vorhanden, im Multiquick zerkleinern. Zwiebeln, Knoblauchzehen, Kerbel, Dill und Liebstöckel kleinhacken und mit Salz, Pfeffer, Eiern und den Vollkornbröseln zum Reis geben. Alles zu einem Teig verarbeiten. Mit den Händen (evtl. mit Hilfe von Semmelbröseln) kleine flache Küchle (Buletten) formen und in heißem Kokosfett von beiden Seiten goldgelb braten.
Zusammen mit einer Rohkostplatte eine leichte Sommermahlzeit.

Gefüllte Paprikaschoten mit Naturreis

(mit Langkorn-Naturreis)

4 grüne oder rote Paprikaschoten,
etwas Hefewürze,
100 g Naturreis,
Salz,
50 g vegetarische Paste (2 Portionsdöschen),
1 mittelgroße Zwiebel,
1 – 2 Eßl. Hefeflocken,
1 – 2 Eier,
1 – 2 Eßl. Semmelbrösel,
Liebstöckel, Petersilie, Salz, Pfeffer, etwas Muskat,
20 g geriebener Käse.

Paprikaschoten aushöhlen und kurz in wenig Wasser dünsten. Mit Hefewürze das Innere leicht würzen.
Naturreis waschen, in 1/2 l Salzwasser 25 – 30 Minuten garen. Noch heiß mit der vegetarischen Paste vermengen. Etwas abkühlen lassen und Zwiebelwürfel, Hefeflocken, Eier, Semmelbrösel, die gehackten Gewürzkräuter, Salz und Muskat zugeben. Zu einem Teig verarbeiten und in die Paprikaschoten hineindrücken.
Diese in eine gefettete Auflaufform setzen. Mit etwas Wasser angießen und im vorgeheizten Backofen ca. 30 – 40 Minuten bei 200° (Gasherd Stufe 3) überbacken.
Dazu paßt eine Tomatensauce.
Die Reismasse kann auch in Tomaten, Gurken, Auberginen oder Krautblätter gefüllt werden.

Reissalat, pikant

(mit Langkorn-Naturreis)

150 Naturreis, Salz,
1/2 frische Gurke,
2 kleine Tomaten,
1/2 grüne Paprikaschote,
1/2 rote Paprikaschote,
100 g gekochter Schinken.

Sauce:
40 g Kaltpreß-Sonnenblumenöl,
2 – 3 Eßl. Obstessig, etwas Wasser,
Salz, Pfeffer, 1 Prise Zucker, Paprika,
1 Bund Schnittlauch.

Reis in sprudelndem Salzwasser 30 Minuten kochen, abtropfen und abkühlen lassen. Gurke, Tomaten, Paprika und Schinken in Würfeln zu dem Reis geben.
Alles mit der Sauce gut vermischen, etwas durchziehen lassen und mit frischem, geschnittenen Schnittlauch bestreuen.

Reissalat, exotisch

(mit Langkorn-Naturreis)

150 g Naturreis, Salz,
1 kleiner Apfel,
2 Scheiben Ananas,
50 g zuvor eingeweichte Rosinen,
50 g gestiftelte Mandeln.

Sauce:
1 – 2 Becher saure Sahne,
20 g Mangochutney (2 Eßl.),
1 Eßl. Curryextrakt,
1 Prise Ingwer,
Saft von 1 Zitrone,
etwas Salz, Pfeffer.

Reis kochen (siehe Reissalat pikant).
Apfel schälen, würfeln, ebenso die Ananasscheiben und zusammen mit den abgetropften Rosinen und Mandelstiften zu dem Reis geben.
Saure Sahne mit den übrigen Zutaten verrühren und alles gründlich vermengen. Gut durchziehen lassen und eventuell nachschmecken. Der Salat sollte sehr intensiv »süß-pikant« schmecken.

Reisklöße süß, als Hauptgericht

(mit Rundkorn-Naturreis)

250 g Naturreis,
600 – 700 ml Wasser,
1 Prise Salz, etwas Zitronenschale,
20 – 30 g Butter,
4 Eier,
10 – 20 g Stärkemehl (1 – 2 Eßl.),
20 – 30 g Zucker, (2 – 3 Eßl.),
Zimt.

Zubereitung siehe Reisklöße pikant, Seite 102. Zum Schluß mit Zimt bestreuen. Dazu eingeweichtes Trockenobst und vorweg eine kalte Gemüsesuppe, wie die spanische Gazpacho.

Milchreis

(mit Rundkorn-Naturreis)

Hauptmahlzeit für 4 Personen:
200 – 250 g Naturreis,
3/4 l Flüssigkeit (1/2 Wasser, 1/2 Milch),
1 Prise Salz, ca. 1/2 Teel. abgeriebene Zitronenschale,
1 Päckchen Vanillezucker, 50 g Butter,
40 g brauner Zucker, 1 Eßl. Zimt.

Naturreis waschen und in Flüssigkeit mit Salz und abgeriebener Zitronenschale ca. 30 Minuten bei kleiner Flamme garen. Vanillezucker darüberstreuen und auf tiefe Teller verteilen. Die Butterflöckchen obenauf setzen und mit Zucker und Zimt bestreuen.

Der Milchreis kann auch mit Früchten oder Fruchtsaucen serviert oder mit Mandeln und Rosinen abgewandelt werden.

Kleine Portionen können als Dessert gereicht werden (8 – 10 Portionen). Das Rezept kann dann noch verfeinert werden, indem man 1/8 l steif geschlagene Sahne unterzieht.

Reiscreme mit Aprikosen

(mit Rundkorn-Naturreis)

80 g Naturreis,
1 Prise Salz,
1/8 l Milch,
1 Stange Vanille,
Zitronenschale,
50 – 80 g Trockenaprikosen,
6 – 8 Blatt Gelatine,
1/8 l süße Sahne.

Reis waschen, in leicht gesalzenem 1/2 l Wasser ca. 25 Minuten kochen. Abgießen (er sollte trocken sein) und mit Milch, Vanille, Zitronenschale und den kleingeschnittenen Trockenaprikosen nochmals 10 – 15 Minuten bei kleiner Flamme ausquellen lassen. Gelatine nach Anleitung aufquellen, dann erhitzen (nicht kochen) und zu dem Reis geben. Bevor die Masse fest ist, die geschlagene Sahne unterrühren und in Portionsschalen verteilen. Ca. 2 Stunden kühl stellen.
Dazu paßt Aprikosensauce aus Aprikosensaft und pürierten Aprikosen, leicht gesüßt mit Honig.

Reiskaltschale mit Rosinen

(mit Rundkorn-Naturreis)

60 – 80 g Naturreis,
3/4 l Wasser, 1 Prise Salz,
100 g Rosinen,
1/4 l herber Weißwein,
Zitronenscheiben von 1 Zitrone,
20 g Apfeldicksaft (2 Eßl.).

Reis waschen, in sehr mildem Salzwasser ca. 25 Minuten kochen. Noch heiß die Rosinen hineingeben (damit sie aufquellen), dann mit Weißwein auffüllen, Zitronenscheiben und Apfeldicksaft zugeben, abschmecken und kalt servieren.
Die Kaltschale eignet sich sehr gut als Sommer-Abendmahlzeit.

Himbeer-kaltschale mit Reisflocken

Für 1 Person
100 g frische oder tiefgefrorene Himbeeren,
10 g Zucker (1 Eßl.),
100 g Milch,
10 g Reisflocken (1 – 2 Eßl.).

Himbeeren in einen tiefen Teller geben (tiefgefrorene Früchte in einem Sieb auftauen lassen – den Saft anderweitig verwenden). Leicht einzuckern und mit eiskalter Milch übergießen. Die Reisflokken darüber streuen und sofort essen.

Kirschen-reispudding

(mit Rundkorn-Naturreis)

125 g Naturreis,
400 – 500 ml Flüssigkeit (1/2 Wasser, 1/2 Milch),
1 Prise Salz,
30 – 40 g Zucker (3 – 4 Eßl.),
2 – 3 Eier, getrennt,
20 – 30 g Butter oder ungehärtete Pflanzenmargarine,
250 g Kirschen, frisch oder aus der Dose, entsteint,
Vanillezucker.

Reis in Milch und Wasser ca. 25 Minuten bei kleiner Flamme kochen. Er sollte nicht zu weich sein. Die Masse erkalten lassen und Zucker, Eigelb und Fett einrühren. Zum Schluß die Kirschen und geschlagenes Eiklar unterheben.
In eine gefettete Auflaufform füllen und bei 200 ° (Gasherd Stufe 3) ca. 25 – 30 Minuten überbacken. Mit wenig Vanillezucker bestreuen.
Statt Kirschen können auch Äpfel, Aprikosen und Johannisbeeren verwendet werden.

Reisspfannkuchen (Palatschinken)

(mit Langkorn-Naturreis)

200 g Naturreis,
50 g Weizenmehl, Type 1050,
2 – 3 Eier,
1/4 l Milch oder Wasser,
1 Prise Salz,
50 g grob gehackte Nüsse,
Kokosfett,
4 Eßl. Honig.

Sehr trockenen Reis fein schroten. Mit Weizenmehl, Eiern, Milch, Salz und Nüssen zu einem dickflüssigen Teig verrühren. Einige Minuten quellen lassen, eventuell noch etwas Wasser zugeben.
In heißem Kokosfett 4 Pfannkuchen von beiden Seiten goldgelb braten. Zwischendurch das Fett erneuern. Dünn mit Honig bestreichen und sofort servieren.
Als Dessert oder zum Sonntagsfrühstück servieren.

Roggen

Schon die Kelten und Germanen ernährten sich von Roggenfladen, während die Römer den kräftigen Geschmack ablehnten und den milden Weizen bevorzugten.

Roggen stellt an Boden und Klima wenig Ansprüche und gedeiht auch, wo Weizen nicht mehr wächst, beispielsweise in Sibirien und in Nordeuropa. Er reift relativ früh, bringt aber nicht so hohe Erträge wie Weizen. Er wird nach dem Mahlen ebenfalls mit Typenzahlen versehen.

Reines Roggenmehl ist dunkel und hat einen kräftigen, leicht bitteren Geschmack. Die Backfähigkeit ist nicht so gut, wie die des Weizenmehls und deshalb werden zur Brotherstellung fast immer die beiden Getreidesorten miteinander vermischt.

Roggen kann man in Form von ganzen Körnern, Schrot, Mehl mit verschiedenen Typenbezeichnungen und Brot kaufen.

Grundrezept für vorgequollene und gekochte Roggenkörner

200 – 250 g Roggenkörner (die Menge ist als Beilage gedacht und kann natürlich für Hauptgerichte erhöht werden),
ca. 1/2 – 1 l Wasser,
1 Prise Salz, 1 Prise Zucker.

Roggenkörner ca. 2 Stunden vorquellen und dann in kochendem Wasser bei schwacher Hitze ca. 50 Minuten garen, 10 Minuten nachquellen lassen.

Roggenschrot

Für 1 Person

1/4 l Wasser,
30 – 40 g Roggenschrot,
1 Prise Salz,
1 Prise Zucker.

Wasser zum Kochen bringen, Schrot, Salz und Zukker zugeben und ca. 15 Minuten bei kleiner Flamme ausquellen lassen.
Ideal als kräftiges Frühstücksgericht.

Roggenschrotbrei mit Honig

(mit grobem Roggenschrot)

Für 1 Person
1/4 l Wasser,
40 – 50 g Roggenschrot,
1 Prise Salz,
20 g Honig (1 – 2 Eßl.),
40 g süße Sahne (3 – 4 Eßl.),
20 g Pinienkerne.

Zubereitung siehe Roggenschrot. Mit Honig süßen, die Sahne unterrühren und mit Pinienkernen bestreuen.

Roggen-Kümmelsuppe

(mit Roggenschrot)

50 – 60 g Roggenschrot,
ca. 1 l Gemüsebrühe (aus aufgelöstem Extrakt),
1 Teel. gemahlener Kümmel,
Vollmeersalz, Zwiebelpulver,
3 – 4 Eßl. Sahne, flüssig,
2 Eßl. gehackte Petersilie.

Schrot ohne Fett leicht anrösten. Mit der Gemüsebrühe aufgießen und aufkochen lassen. Kümmel, Vollmeersalz und Zwiebelpulver zugeben, noch ca. 10 – 15 Minuten ausquellen lassen. 3 – 4 Eßlöffel flüssige Sahne unterziehen und mit Petersilie bestreuen.

Roggenkörner als Beilage

150 – 180 g Roggenkörner (ca. 8 – 10 Stunden gequollen),
1 – 1½ l Wasser,
Salz, gekörnte Brühe,
1 Zwiebel, 1 Lorbeerblatt,
Pfefferkörner,
20 g Butter oder ungehärtete Pflanzenmargarine,
2 Eßl. gehackte Kräuter.

Roggenkörner abgießen und in die sehr pikant gewürzte Brühe geben. Ca. 40 – 50 Minuten bei kleiner Flamme garen. Mit Butter und den gehackten Kräutern vermischen.

Küchle aus Roggenkörnern

50 g gekochte Roggenkörner, siehe Seite 116,
150 g Magerquark,
50 g Buchweizenmehl,
Vollkornsemmelbrösel,
Salz, Muskat, Pfeffer,
Kokosfett.

Die Roggenkörner mit Magerquark und dem Buchweizenmehl vermischen, abschmecken und sehr kleine Küchle formen. In Semmelbröseln wenden und in heißem Fett braten.
Als Beilage zu diversen Gemüsegerichten geeignet.

Küchle aus Roggenkörnern mit Rübensirup

Rezept wie Küchle aus Roggenkörnern jedoch ohne Salz, Muskat, Pfeffer.
Zum Schluß die heißen Küchle mit Sirup bestreichen. Als kleines Hauptgericht mit Kompott essen, evtl. voraus eine pikante Suppe servieren.

Omelette mit Körnern

(mit Roggenkörnern)

150 g gekochte Roggenkörner,
(es eignen sich auch andere Getreidearten),
20 g Pflanzenmargarine, ungehärtet,
1 große Zwiebel,
2 mittelgroße Möhren,
4 – 6 Eier,
80 – 100 g geriebener Käse,
Salz, Muskat, Pfeffer,
Kräuter der Provence,
Kokosfett zum Ausbacken.

Zwiebel und Möhren klein schneiden und in heißer Margarine mit sehr wenig Flüssigkeit ca. 5 – 10 Minuten dünsten, die gekochten Getreidekörner zugeben. Eier verquirlen, mit dem Käse vermengen und mit den Gewürzen abschmecken.
Die Eimasse über die Getreidekörner geben und 5 – 10 Minuten braten, bis die Eier gestockt sind.
Dazu paßt eine große Portion Frühlingssalat, aber auch leichte Gemüsesorten, wie Broccoli, Blumenkohl.

Roggenschrotpfannkuchen (Palatschinken)

(mit feinem Roggenschrot)

200 g Roggenschrot, fein,
3 – 4 Eier getrennt,
knapp 1/8 l Milch,
1/2 Teel. Salz, 1 Prise Zucker,
Kokosfett.

Roggenschrot mit Eigelb, Milch, Salz und Zucker glattrühren, den steifgeschlagenen Eischnee unterziehen.
Den Teig mit einer Schöpfkelle in heißes Pflanzenfett geben und von beiden Seiten goldgelb braten. Dazu paßt grüner Salat und Grilltomaten.

Pfannkuchen, süß

Zubereitung siehe oben, den Teig mit 2 Eßlöffeln Honig süßen und mit Mandelsplittern verfeinern. Die Pfannkuchen können mit Marmelade bestrichen werden.
Am besten schmecken sie ganz frisch aus der Pfanne.

Ganzkornauflauf mit Kräutern

(mit Roggenkörnern)

300 g Roggenkörner gekocht, siehe Seite 116,
150 g Magerquark,
2 – 3 Eier,
2 – 3 Eßl. saure Sahne,
Salz, Pfeffer, Paprika,
je 1 Bund Petersilie, Schnittlauch, Kerbel, Dill (wie vorhanden),
20 g Butter.

Die Körner mit Magerquark, Eiern, saurer Sahne, Salz, Pfeffer, Paprika und den gehackten frischen Kräutern vermischen und in eine gefettete Auflaufform geben. Mit Butterflöckchen belegen und bei 180 – 200° (Gasherd Stufe 2 – 3) ca. 45 Minuten backen.

Käseauflauf mit Roggenschrot

150 g geriebener Käse (45 % Fett),
4 Eier getrennt,
40 g Sonnenblumenkaltpreßöl (4 Eßl.),
20 g Milch (2 Eßl.),
50 g Roggenschrot (3 – 4 Eßl.),
etwas Salz,
Paprikapulver, Muskatblüte.

Eigelb mit geriebenem Käse vermischen. Pflanzenöl, Milch, Schrot und die Gewürze unterrühren. Das geschlagene Eiklar locker unter die Masse heben. In ausgefettete Förmchen geben. Bei 200° (Gasherd Stufe 3) ca. 20 – 25 Minuten backen.

Roggenvollkornwaffeln

150 g Roggenschrot,
100 g Weizenmehl, Type 1050,
1/2 Päckchen Trockenhefe,
1 Teel. Salz, 1 Eßl. Zucker,
250 ml Wasser (1/4 l),
100 g Butter, 2 – 3 Eier.

Roggenschrot, Weizenmehl, Hefe, Salz, Zucker, Wasser, flüssige Butter und Eier zu einem glatten Teig verarbeiten. (Der Teig muß dickflüssig sein.) Ca. 20 – 30 Minuten gehen lassen.
Waffeleisen vorheizen, einfetten und den Teig mit einer Schöpfkelle hineingeben. Nicht zu heiß ca. 5 bis 7 Minuten backen.
Die Waffeln schmecken am besten frisch, dazu paßt Pflaumenkompott.

Roggenvollkornwaffeln, pikant

Teig wie oben, statt Zucker etwas mehr Salz und eine geriebene Zwiebel zugeben. Die Wassermenge reduzieren.

Salat mit Roggenkörnern

130 – 150 g Roggenkörner,
1 Apfel, 1/2 Salatgurke,
1 Bund Radieschen,
20 g kaltgepreßtes Sonnenblumenöl,
1 Becher saure Sahne,
Saft von 1 – 2 Zitronen,
etwas Senf, 1 Prise Salz, 1 Prise Zucker,
etwas Zwiebelpulver,
Hefewürze.

Zubereitung, siehe Roggenkörner als Beilage. Danach abkühlen lassen. Apfel und Gurke in kleine Würfel, Radieschen in Scheiben schneiden. Aus Sonnenblumenöl, saurer Sahne, Zitronensaft, Senf und den Gewürzen eine Sauce herstellen und mit dem Salat vermischen. Etwa 1 Stunde durchziehen lassen.

Rote Grütze à la Kiekeberg

(mit Roggenkörnern)

Ca. 100 g Roggenkörner, grob geschrotet,
1 l Wasser,
1 Prise Salz, 1 Prise Zucker,
250 – 300 g gemischte Beeren (nach Jahreszeit z. B. Johannisbeeren und Himbeeren),
etwas Zucker,
etwas Zitronensaft,
1/8 l Sahne.

Roggenkörner grob schroten. In kochendem Wasser mit Salz und Zucker ca. 20 – 30 Minuten quellen lassen. Die leicht gezuckerten Früchte mit dem eventuell gezogenen Saft unterrühren, erkalten lassen und in tiefe Teller einfüllen. Mit flüssiger Sahne übergießen und servieren.
Gilt im Sommer als Hauptgericht und kann mit allen Beerenfrüchten zubereitet werden.

Roggen-Buchweizengrütze

Ca. 80 g ganzer Roggen,
ca. 30 – 40 g Buchweizengrütze,
1 l Wasser,
1 Prise Salz, 1 Prise Zucker,
1/4 l kalte Milch.

Roggen grob schroten und zusammen mit der Buchweizengrütze, einer Prise Salz und Zucker in 1 l kochendes Wasser geben und etwa 20 Minuten ausquellen lassen.
Die Grütze kann kalt oder heiß gegessen und bei Tisch mit kalter Milch begossen werden.
Dazu ißt man eingeweichtes Trockenobst.

Buttermilchkaltschale mit Roggenbrot

1 l Buttermilch,
Schale von 1/2 unbehandelter Zitrone,
40 g Honig (3 – 4 Eßl.),
etwas Vanillezucker,
60 g Roggenvollkornbrot (altbacken),
30 g gehackte Haselnüsse.

Die Buttermilch mit einem Schneebesen gut durchschlagen. Abschmecken mit Zitronenschale, Honig und Vanillezucker. Das Brot reiben oder fein zerbröseln und zusammen mit den gehackten Nüssen zur Buttermilch geben.
Die Kaltschale gut gekühlt servieren.
Altes Brot – lecker serviert!

Weizen

Weizen

Weizen bezeichnet man auch als König aller Getreidearten. Er stammt ursprünglich aus Äthiopien und wurde erst relativ spät in Europa angebaut. Im Laufe der Zeit verdrängte er die bis dahin bekannten dunkleren und geschmacksintensiveren Getreidesorten wie Roggen, Gerste und Hirse immer mehr.

Man unterscheidet zwischen Hartweizen, der nur in warmen trockenen Regionen wächst, und Weichweizen, der auch in gemäßigten Zonen, wie Mittel-

europa gedeiht. Hartweizen hat einen höheren Eiweißgehalt und eignet sich besonders gut zur Grieß- und Teigwarenherstellung. Weichweizen dagegen enthält mehr Stärke.
Dank des hohen Klebereiweißgehaltes, der die voluminöse Beschaffenheit, Elastizität und Festigkeit eines Teiges bestimmt, hat dieses Getreide hervorragende Backeigenschaften. Es ist heute der Welt wichtigstes Brotgetreide.
Weizen kann man in Form von ganzen Körnern, als Weizenschrot, als Flocken, als Mehl mit verschiedenen Typenbezeichnungen kaufen. Daraus werden hergestellt: Grieß, Kleie, Weizenkeime, Teigwaren und natürlich Brot und Gebäck. Die nachfolgenden Rezepte sind mit »Vollkorn« hergestellt, entweder mit ganzen Körnern, Schrot oder Weizenflocken, einige Rezepte auch mit Vollkornnudeln, die selbst zubereitet oder im Reformhaus besorgt werden können.

Grundrezept für vorgequollene und gekochte Weizenkörner

200 – 250 g Weizenkörner (die Menge ist als Beilage gedacht und kann natürlich für Hauptgerichte erhöht werden),
ca. 1/2 – 1 l Wasser,
1 Prise Salz,
1 Prise Zucker.

Weizenkörner ca. 2 Stunden vorquellen und dann in kochendem Wasser bei schwacher Hitze ca. 50 Minuten garen, 10 Minuten nachquellen lassen. Sie können dann, je nach Verwendungsform, pikant oder süß gewürzt und weiterverarbeitet werden.

Müsli mit ganzem gekeimtem Weizen

Für 1 Person
20 – 30 g gekeimte Körner (2 Eßl.),
50 g Magerquark,
etwas Milch,
1 Apfel oder Birne,
evtl. 1 Teel. Honig,
etwas Zitronensaft.

Körner im Keimapparat keimen (siehe Keimen, Seite 15).
Quark mit Milch verrühren, Apfel oder Birne grob hineinreiben, mit Honig und Zitronensaft abschmecken, die gekeimten Körner untermischen.

Weizenschrotmüsli

Für 1 Person
20 – 30 g Weizenschrot (am Abend geschrotet und über Nacht eingeweicht),
1 Becher Sanoghurt (3,5 % Fett),
1 Eßl. Rosinen,
1 Banane,
etwas Zitronensaft,
1 Eßl. Linusit (Spezialleinsaat).

Weizenschrot mit Sanoghurt vermischen. Rosinen zugeben und die Banane hineinschneiden. Evtl. Zitronensaft zugeben und mit Linusit bestreuen.

Warmer Schrotbrei

(mit Weizenschrot)

Für 1 Person
1/4 l Wasser,
30 – 40 g Weizenschrot (frisch geschrotet),
1 Prise Salz,
1 Prise Zucker,
5 Backpflaumen,
etwas abgeriebene Zitronenschale,
40 g süße Sahne (4 Eßl.).

Wasser zum Kochen bringen, Salz, Zucker und Weizenschrot zugeben, ebenfalls die Backpflaumen und die Zitronenschale. Ca. 10 – 15 Minuten bei kleiner Flamme ausquellen lassen.
Zum Schluß die flüssige Sahne unterziehen.

Schrotsuppe mit Lauch und Möhren

(mit Weizenschrot)

20 g ungehärtete Pflanzenmargarine,
1 mittelgroße Zwiebel,
60 g grob geschroteter Weizen,
1 l Wasser,
1 Stange Lauch,
1 Teel. Hefebrühe (aus dem Glas),
Salz, Pfeffer, Majoran,
1 Bund gehackte Petersilie.

Fett erhitzen, Zwiebelwürfel und Weizenschrot darin andünsten und mit Wasser aufgießen. Den in Ringe geschnittenen Lauch ebenfalls zugeben und ca. 20 – 25 Minuten bei kleiner Flamme garen. Mit Hefebrühe, Salz, Pfeffer, Majoran abschmecken und mit viel Petersilie bestreuen.

Schrot-Aprikosen-Kaltschale

(mit Weizenschrot)

50 g mittelfein geschroteter Weizen,
$^{1}/_{2}$ l Wasser,
abgeriebene Zitronenschale,
$^{1}/_{4}$ l Milch,
250 g sehr reife Aprikosen,
etwas Zucker, etwas Vanillezucker.

Weizenschrot ohne Fett leicht anrösten, Wasser und Zitronenschale zugeben, ca. 10 – 15 Minuten ausquellen lassen. Mit Milch und den fein pürierten Aprikosen (Multiquirl oder Pürierstab des Handrührers) auffüllen und mit Zucker und Vanillezukker abschmecken.

Weizenschrotauflauf, pikant

150 g Möhren, 150 g Sellerie, 1 Stange Lauch,
30 g Kaltpreßöl, 150 ml Wasser,
1 Eßl. Gemüsebrühe (Extrakt), 1/2 l Milch,
100 – 120 g Weizenschrot, Salz, Pfeffer,
3 Eier, getrennt, 10 – 20 g Sojamehl (1 – 2 Eßl.),
20 g Hefeflocken (1 – 2 Eßl.),
50 g geriebener Käse (45 % Fett).

Gemüse waschen und kleinschneiden. In heißem Pflanzenöl kurz andünsten. Mit Wasser, gewürzt mit der aufgelösten Gemüsebrühe, angießen und aufkochen lassen. Die Milch und Weizenschrot zugeben, zum Kochen bringen und ca. 15 – 20 Minuten quellen lassen. Salz, Pfeffer, Eigelb, Sojamehl und Hefeflocken untermengen. Zum Schluß das geschlagene Eiklar vorsichtig unterziehen. Mit Käse überstreuen.
Bei 220° (Gasherd Stufe 4) ca. 30 Minuten überbacken.
Dazu schmecken Grilltomaten.

Möhrenküchle mit Weizenschrot

400 – 500 g Möhren,
80 g feingeschroteter Weizen,
2 Eier,
gehackte Petersilie, Liebstöckel, Dill,
Salz, Pfeffer, Hefestreuwürze,
Kokosfett.

Möhren waschen und reiben. Mit Weizenschrot, Eiern, gehackten, frischen Kräutern, Salz, Pfeffer und Hefestreuwürze vermengen.
Kokosfett erhitzen. Mit einem Eßlöffel kleine Klöße abstechen und in der Pfanne flachdrücken. Von beiden Seiten goldgelb braten.
Die Küchle passen gut in die vegetarische Küche zu Gemüseplatten.

Weizenschrotklößchen mit Quark

150 g Magerquark,
1 Ei,
10 g Pflanzenöl,
150 g Weizenschrot,
50 – 70 g Rosinen,
20 g Honig (2 Eßl.),
1 Prise Salz.

Alle Zutaten miteinander vermengen und etwa 10 Minuten quellen lassen. Klöße abstechen und in leise kochendem Salzwasser 10 – 15 Minuten garen.
Dazu schmeckt Heidelbeerkompott.

Auberginen im Teig

(mit Weizenkörnern oder Weizenschrot)

2 mittelgroße Auberginen,
Hefewürze, Kräuter der Provence,
80 – 100 g Weizen,
2 – 3 Eier,
150 ml Milch oder helles Bier,
etwas Knoblauchpulver, Salz,
Kokosfett zum Ausbacken.

Auberginen waschen und in ca. 1 cm dicke Scheiben schneiden, mit Hefewürze und Kräutern der Provence würzen.
Weizen sehr fein schroten, mit Eiern, Milch (oder Bier), Knoblauchpulver und Salz zu einem dickflüssigen Teig verrühren. Die Auberginenscheiben eintauchen, dann in heißem Kokosfett von beiden Seiten goldgelb backen.
Dazu paßt eine Rohkostplatte.
Mit diesem Teig können auch vorgedünstete Selleriescheiben, Zucchinischeiben und kleine Blumenkohlröschen ausgebacken werden.

Pilzauflauf mit Vollkornbrötchen

300 – 350 g frische Champignons,
1 mittelgroße Zwiebel,
40 g Butter,
2 – 3 altbackene Weizenbrötchen (Graham),
etwas Milch, 3 Eier,
Salz, Pfeffer, Muskat,
2 Knoblauchzehen,
20 g Vollkorngrieß (2 Eßl.).

Pilze vorbereiten, waschen und zusammen mit der Zwiebel in Scheiben schneiden und in etwas heißer Butter kurz andünsten. Die Brötchen ebenfalls in dünne Scheiben schneiden und ca. 30 Minuten in Milch einweichen. Eier verquirlen, mit Salz, Pfeffer, Muskat und zerdrückten Knoblauchzehen würzen und mit Pilzen, Zwiebeln, ausgedrücktem Brötchen und Grieß vermischen. Die Masse in eine gefettete Auflaufform geben, mit Butterflöckchen belegen und ca. 30 Minuten bei 200° (Gasherd Stufe 3) überbacken. Dieses Rezept ist ideal für die Resteverwertung!
Dazu paßt Tomaten- oder Endiviensalat.

Weizenschrotpfannkuchen, süß

200 g Weizenschrot (fein gemahlen),
2 – 3 Eier getrennt,
1/8 l Milch oder Wasser,
1/2 Teel. Salz,
20 g Honig (1 – 2 Eßl.),
50 g grob gehackte Haselnüsse,
10 g Kokosfett.

Weizenschrot, Eigelb, Milch, Salz, Honig und Nüsse verrühren, den steifgeschlagenen Eischnee unterziehen. Den Teig mit einer Schöpfkelle in die Pfanne geben und Pfannkuchen ausbacken.
Als Dessert oder kleines Abendessen geeignet.

Kartoffelpuffer mit Weizenschrot

800 g Kartoffeln,
1 – 2 mittelgroße Zwiebeln,
2 Eier,
30 g feingeschroteter Weizen,
Salz, Muskat,
Kokosfett zum Ausbraten.

Kartoffeln schälen, waschen, reiben und auf einem Sieb etwas abtropfen lassen. Zwiebeln ebenfalls reiben. Eier, Weizenschrot, Salz und Muskat unterrühren.
Kokosfett erhitzen, mit dem Schöpflöffel die Masse hineingeben, flachdrücken und goldgelb braten.
Dazu paßt Apfelmus und Kompott aber auch grüner Salat und winzige ausgelassene Speckwürfelchen.

Spätzle

(mit Weizenschrot)

300 g Weizenschrot (sehr fein geschrotet),
2 – 3 Eier,
1 Eßl. Sojamehl,
1 Teel. Salz,
150 ml Wasser (gut 1/8 l),
etwas Safran.

Alle Zutaten miteinander verrühren und solange schlagen, bis ein dickflüssiger Teig entsteht. Diesen portionsweise auf ein mit kaltem Wasser abgespültes Spätzlesbrett streichen und mit einem breiten Messer dünne Teigstreifen in leise kochendes Salzwasser abstreifen. Wenn die Spätzle an der Oberfläche schwimmen, herausnehmen, kurz in heißem Wasser schwenken und auf ein Sieb geben.
Als Beilage geeignet wie Nudeln.

Selbstgemachte Nudeln

(mit Weizenschrot)

200 g Weizenschrot (sehr fein gemahlen),
100 g Weizenmehl, Type 1050,
1 Ei, 1 Teel. Salz,
ca. 8 – 10 Eßl. Wasser.

Mehl und Schrot in eine Schüssel geben. In die Mitte eine Mulde drücken. Ei, Salz und Wasser hineingeben und alles tüchtig verrühren, später gut durchkneten (der Teig muß sehr geschmeidig sein). Sehr dünn auswellen. Nachdem der Teig leicht angetrocknet ist, schmale oder breite Streifen schneiden und gut abtrocknen lassen.
Selbstgemachte Nudeln können in Cellophantüten kühl und trocken einige Wochen aufbewahrt werden – dann allerdings kein Salz in den Teig geben.

Maultaschen

(mit Weizenschrot)

Nudelteig wie für selbstgemachte Nudeln,
2 trockene Brötchen,
2 Eier und 1 Eigelb,
je 1 Teel. gewiegte Petersilie und Zwiebel,
Salz, Muskat,
ca. 400 g Tiefgefrier- oder frischer Blattspinat,
1 Eiweiß.

Den Nudelteig dünn auswellen und in Quadrate (ca. 10 cm) schneiden. Die eingeweichten, ausgedrückten und zerzupften Brötchen gut mit den übrigen Zutaten vermischen und nur das Eiweiß zurückbehalten (Tiefgefrierspinat auftauen, frischen Blattspinat andünsten).
Die Teigränder mit Eiweiß bestreichen, die Spinatfülle in die Teigmitte geben, zusammenklappen und fest andrücken. In kochendem Salzwasser 10 – 15 Minuten ziehen lassen.
Tip: Die Fülle kann mit 200 g Bratwurstbrät oder mit 50 g Vollsoja angereichert werden.

Lasagne

(mit Weizenschrot)

Teig:
250 g Weizenschrot, sehr fein, gemahlen,
1 – 2 Eier,
etwas heißes Wasser (1 – 2 Eßl.).

Fülle:
250 – 300 g Hackfleisch,
1 kleine Dose Tomatenmark (60 g),
2 Eier,
2 Eßl. Semmelbrösel,
Kräuter der Provence, Salz,
3 Knoblauchzehen,
Fett für die Form,
50 g Käse zum Überstreuen.

Aus Weizenschrot, Eiern und heißem Wasser einen Knetteig herstellen. Etwas abkühlen lassen. Zwischenzeitlich aus Fleisch, Tomatenmark, Eiern, Bröseln, Gewürzkräutern, Salz und zerdrücktem Knoblauch die Füllung herstellen.
Den Teig auswellen und dünne Platten schneiden (zweckmäßig in der Größe der Auflaufform).
Eine gefettete Auflaufform mit einer Teigplatte auslegen, Fleischmasse verteilen und 2 – 3 mal den Vorgang in mehreren Lagen wiederholen. Mit einer Teigplatte abdecken und mit Käse überstreuen.
Bei 180 – 200° (Gasherd Stufe 2 – 3) ca. 35 – 45 Minuten überbacken.
Dazu schmeckt ein frischer Salat.
Salat: z. B. Radicchio und Romana, vermischt mit Tomatenecken und Frühlingszwiebeln. Darüber eine italienische Salatsauce aus Olivenöl, Weinessig, frisch gemahlenem Pfeffer und etwas Salz.

Grüne Lasagne

Teig wie oben,
dazu 4 Eßl. feingehackter Spinat.

Weizenkörner als Beilage

150 – 180 g Weizenkörner (ca. 8 – 10 Stunden gequollen),
1 – 1½ l Wasser,
Salz, gekörnte Brühe,
1 Zwiebel, 1 Lorbeerblatt,
Pfefferkörner,
20 g Butter,
2 Eßl. gehackte Petersilie.

Weizenkörner abgießen und in die sehr pikant abgeschmeckte Brühe geben. Ca. 40 – 50 Minuten bei kleiner Flamme garen. Mit Butter und gehackter Petersilie vermischen.
Paßt zu allen Gemüsegerichten.

Körnlsalat mit Paprika und Tomaten

(mit Weizenkörnern)

130 – 150 g Weizenkörner (ca. 8 – 10 Stunden gequollen),
1 Paprikaschote,
2 mittelgroße Tomaten,
1 Bund Schnittlauch,
40 g kaltgepreßtes Sonnenblumenöl,
Saft von 1 – 2 Zitronen,
2 Knoblauchzehen, etwas Senf,
Salz, Hefewürze, Pfeffer, 1 Prise Zucker.

Zubereitung der Körner siehe Weizenkörner als Beilage.
Die Körner nach dem Kochen abkühlen lassen. Paprika und Tomaten in kleine Würfel schneiden, Schnittlauchröllchen zugeben.
Aus Pflanzenöl, Zitronensaft, Knoblauch, Senf, Salz, Pfeffer und Zucker eine Salatsauce herstellen und alles miteinander vermischen.
Etwa 1 Stunde durchziehen lassen. Dieser Salat kann gut (auch ohne Koblauch) mit zum Arbeitsplatz oder zum Picknick genommen werden.

Salat aus gekeimten Weizenkörnern

Ca. 100 g Weizen,
150 – 200 g Rote Bete (2 kl. Knollen), gekocht,
40 g kaltgepreßtes Sonnenblumenöl,
1 Teel. Meerrettich, ungeschwefelt,
1 Prise Zucker, Salz,
Saft von 1 – 2 Zitronen,
evtl. etwas Kümmelpulver.

Weizenkörner auf 3 Lagen eines Keimapparates verteilen und ca. 3 Tage nach Vorschrift keimen lassen.
Rote Bete schälen und fein raspeln.
Aus Pflanzenöl, Meerrettich, Zucker und Salz, Zitronensaft und je nach Geschmack etwas Kümmelpulver eine Salatsauce bereiten. Über die Körner und Rote Bete geben und alles miteinander vermischen.
Abgedeckt etwa 1/2 Stunde stehen lassen.
Gekeimte Weizenkörner passen gut zu Blumenkohl, Sellerie- und Möhrenrohkost, aber auch zu Blattsalaten. Sie müssen nicht untergemischt werden, sondern können auch über die Salate gestreut werden.

Russische Osterspeise

(mit Weizenkörnern)

150 g Weizenkörner,
50 g gemahlener Mohn,
50 – 70 g Honig (5 Eßl.),
1 Prise Zimt, 1 Prise Nelkenpulver.

Weizenkörner ca. 10 – 12 Minuten in Wasser einweichen. Danach ca. 50 Minuten kochen. Abkühlen lassen und mit Mohn, Honig, Zimt und Nelken vermengen.
Als Dessert servieren, evtl. noch mit etwas geschlagener Sahne verfeinern.

Brot-Fruchtspeise

60 g altbackenes Grahambrot,
300 ml saure Sahne (2 Becher),
40 – 60 g Honig,
1/2 Honigmelone oder eine weiche Birne,
Mandelsplitter.

Grahambrot zu Bröseln reiben und ohne Fett kurz anrösten.
Mit saurer Sahne und Honig vermischen. Die in kleine Würfel geschnittene Melone (oder Birne) unterheben und mit Mandelsplittern bestreuen.
Sofort servieren, damit das Brot nicht aufweicht. Eine leckere Resteverwertung!

Sesam-Waffeln

150 g Weizenmehl, Type 1050,
100 g Weizenschrot,
100 g Sesamkörner,
1/2 Päckchen Trockenhefe,
Salz nach Geschmack, 100 g Butter,
200 – 250 ml Milch, 2 – 3 Eier,
30 g flüssiger Honig (3 – 4 Eßl.).

Weizenmehl, Schrot, die Hälfte des Sesams, Trokkenhefe, Salz, flüssige Butter, Milch, Eier und Honig zu einem nicht zu dünnen aber noch flüssigen Teig verrühren. Ca. 20 – 30 Minuten gehen lassen.
Waffeleisen vorheizen, einfetten und mit Sesamkörnern bestreuen. Den Teig mit einer Schöpfkelle hineingeben, das Eisen zusammenklappen und die Waffeln in ca. 5 – 7 Minuten backen – wenn sich das Waffeleisen regulieren läßt, dann auf mittlerer Stufe.
Waffeln schmecken am besten ganz frisch und sind beliebt bei Kindergeburtstagen, Einladungen oder als Mahlzeit, mit säuerlichem Kompott.

Zimt-Waffeln

Den Teig zubereiten, statt Sesam eine Mischung aus Zimt und Nelken (2 – 3 Teel. Zimt, $^1/_2$ Teel. Nelken) hinzugeben.
Dazu schmeckt Vanilleeis.

Rohrnudeln aus Vollkorn

(mit ganzem Weizen)

500 g Weizen,
40 g Hefe oder 1 Päckchen Trockenhefe,
1 Eßl. Zucker,
$^1/_4$ l Milch,
40 g Honig (2 Eßl.),
1 Prise Salz, 1 Prise Zimt,
50 g ungehärtete Pflanzenmargarine,
$^1/_8$ l Milch,
1 Päckchen Vanillezucker.

Den Weizen sehr fein schroten, in eine große Schüssel geben und in die Mitte eine Mulde drükken.
Hefe mit Zucker und einem Teil der lauwarmen Milch verrühren, in die Mehlmulde geben und ca. 20 Minuten gehen lassen. Mit dem Rest der Milch, Honig, Salz, Zimt und der Pflanzenmargarine gut zu einem glatten Teig verrühren, ca. 30 Minuten gehen lassen. Nochmals durchkneten, ca. 8 – 10 Klöße formen und nebeneinander in eine gefettete Auflaufform setzen. Wiederum ca. 20 Minuten an warmer Stelle gehen lassen, mit $^1/_8$ l lauwarmer Milch, vermischt mit Vanillezucker, übergießen und zugedeckt ca. 40 Minuten bei 200° (Gasherd Stufe 3) backen. Eventuell 5 Minuten vor Ende der Backzeit mit ein paar Butterflöckchen belegen. Die Rohrnudeln sollten leicht bräunlich und die Milch aufgesogen sein.
Dazu paßt Heidelbeer-, Preiselbeer- oder Pflaumenkompott.

Strudel mit Honig und Nüssen

(mit ganzem oder geschrotetem Weizen)

Teig:
250 – 300 g sehr fein gemahlener Weizen (evtl. etwas aussieben!),
2 Teel. Salz,
60 g Butter,
200 ml heißes Wasser.

Fülle:
350 g gemahlene Nüsse,
150 g Honig,
1 Teel. Zimt, etwas Kardamom,
abgeriebene Zitronenschale,
1 Schuß Rum,
20 g Pflanzenöl, kaltgepreßt.

Weizenschrot in eine Schüssel geben, Salz und Butterflöckchen darauf verteilen. Nach und nach das heiße Wasser zugeben und alles zu einem glatten Teig verkneten.
Ca. 30 Minuten kühl stellen.
Die gemahlenen Nüsse mit Honig, Kardamom, Zimt, Zitronenschale und Rum vermischen.
Den Teig *sehr dünn* ausrollen (er sollte fast durchsichtig sein) mit Öl einpinseln und die Nußmasse darauf verteilen. Zusammenrollen und nochmals mit Öl bestreichen. Entweder auf ein gefettetes Blech oder in einer größeren Kastenform bei 200° (Gasherd Stufe 3) ca. 40 Minuten backen.
Dazu paßt Vanillesauce.

Gerichte mit Vollkorn-nudeln

Nudelauflauf mit Pilzen

300 – 400 g Vollkornhörnchen
(Teigwaren aus dem Reformhaus oder Spezialabteilungen der Kaufhäuser),
1 1/2 – 2 l Wasser,
Salz,
20 g Pflanzenmargarine, ungehärtet,
100 g Zwiebel (mittelgroß),
250 g frische Champignons (oder 1 kleine Dose),
gekörnte Brühe, Salz, Pfeffer, Paprika edelsüß,
2 Eier,
150 g saure Sahne,
1 Schuß Milch,
Muskatnuß, Salz, Hefewürze.

Die Vollkornhörnchen in Salzwasser ca. 10 – 15 Minuten sprudelnd kochen, dann abtropfen lassen. Pflanzenmargarine erhitzen, die geschnittene Zwiebel und Pilze leicht andünsten.
Alles miteinander vermischen, würzen und in eine gefettete Auflaufform geben.
Eier mit saurer Sahne, Milch und den Gewürzen verquirlen und über die Nudel-Pilzmasse geben.
Im Backofen bei 200° (Gasherd Stufe 3) ca. 25 – 30 Minuten überbacken.
Dazu paßt Tomaten- oder Käsesauce und grüner Salat.

Nudelpfanne mit Zucchini und Käse

250 g Vollkornhörnchen,
$1^1/_2$ l Salzwasser,
20 g Pflanzenmargarine, ungehärtet,
200 g Zwiebeln (2 mittelgroße),
250 g Zucchini, Salz und Pfeffer,
4 Eier,
150 ml Milch (1 Tasse),
Hefewürze, 1 – 2 zerdrückte Knoblauchzehen,
Salz, Pfeffer, Kräuter der Provence,
30 – 40 g Kokosfett,
4 Eßl. geriebener Käse.

Die Vollkornnudeln in Salzwasser ca. 10 – 15 Minuten kochen und abtropfen lassen.
In heißer Pflanzenmargarine die Zwiebel- und Zucchinischeiben andünsten, mit sehr wenig Flüssigkeit ca. 5 – 10 Minuten garen und abschmecken. Eier mit Milch verrühren und sehr pikant abschmecken. Kokosfett in der Pfanne erhitzen und aus Nudeln, Zucchini und Eimasse, miteinander vermischt, nacheinander 4 Omeletts backen. Vor dem Servieren mit geriebenem Käse bestreuen.
Dazu paßt ein kalorienarmer Salatteller.

Spaghetti mit Paprika und Schinkenwürfeln

300 – 400 g Vollkornspaghetti,
$1^1/_2$ – 2 l Wasser,
Salz, etwas Öl,
20 g Pflanzenmargarine, ungehärtet,
100 g Zwiebeln (mittelgroße),
1 grüne Paprikaschote,
125 g gekochter Schinken,
Salz, Pfeffer, 2 – 3 zerdrückte Knoblauchzehen,
1 Becher saure Sahne,
100 ml Milch,
1 Bund Schnittlauch.

Spaghetti in Salzwasser mit einem Schuß Öl 10 – 12 Minuten sprudelnd kochen. Pflanzenmargarine erhitzen, die geschnittenen Zwiebeln und Paprika andünsten, mit sehr wenig Wasser angießen und ca. 5 – 10 Minuten garen. Dann den Schinken zugeben und abschmecken. Die abgetropften Spaghetti mit Paprika, Schinkenwürfeln, Sahne und Milch vermengen und mit Schnittlauchröllchen bestreuen. Dazu paßt ein italienischer Salatteller.

Süßer Nudelauflauf

250 g Vollkornnudeln,
1 1/2 l leicht gesalzenes Wasser,
100 g entsteinte und in Streifen geschnittene Trokkenpflaumen,
3 Eier,
150 ml Milch (1 Tasse),
2 – 3 Eßl. Honig,
2 – 3 Eßl. gehackte Mandeln,
20 g Butter.

Die Vollkornnudeln kochen und gut abtropfen lassen. Dann zusammen mit den Backpflaumen in eine gefettete Auflaufform geben. Eier mit Milch, Honig und Mandeln verrühren und über die Nudeln geben. Mit Butterflöckchen belegen und bei 200° (Gasherd Stufe 3) ca. 30 – 35 Minuten überbacken.
Der Auflauf kann mit einer Fruchtsauce als Hauptgericht nach einer Frühlingsgemüsesuppe gegessen werden.

Literaturhinweis

Ernährungslehre und Warenkunde / Stahl-Mann / Deutscher Reform-Verlag
Kleie Diät / Anemueller / Gräfe und Unzer.
Idee der Körnerdiät aus Zeitschrift Freundin
Gesund und lecker / Weber / Hädecke Verlag
Vollkorn-Backbuch / Weber / Hädecke Verlag

Spezialprodukte aus dem Neuform-Reformhaus

Alle Getreidesorten und deren Produkte
Spezialleinsaat Linusit
Leinsaat
Nüsse und Trockenfrüchte von hervorragender Qualität
Vegetarische Pasten in verschiedenen Geschmacksrichtungen
Spezialsauermilch Sanoghurt
Hefestreuwürze
Hefeflocken
Gemüsebrühe-Hefebrühe-Extrakt
Teigwaren aus Vollkorn
Teigwaren aus Hirse
Kaltgepreßte Pflanzenöle
Ungehärtete Pflanzenmargarine
Vollmeersalz
Honig von ausgesuchter Qualität
Sojaprodukte

Bezugsquellen für Getreidemühlen

Ludwig Bartsch,
Postfach 1203, 6380 Bad Homburg v. d. H.
(Vertragswarenhersteller der neuform-Reformhäuser).
Bio-Markt Fritz Keller,
Konradstr. 17,
7800 Freiburg i. Brg.
Bio-Service K. F. Weber,
Postfach 2221,
7730 VS-Villingen.
Robert Bosch GmbH,
Schillerhöhe,
7000 Stuttgart 1
Braun AG,
Am Schanzenfeld
6242 Kronberg/Taunus
Fachdienst Gesundheit GmbH,
Schönblickstr. 15,
7530 Pforzheim.
Werner Ganter,
Buchenweg 32,
7742 St. Georgen.
Heinrich Geisel
Ludwigstr. 70, 8510 Fürth.
O. F. Hülter-Hassler,
Postfach 710
7831 Königsschaffhausen.
Lüder Automation GmbH,
7742 St. Georgen.
W. Messerschmidt,
7730 Villingen.
Schnitzer KG,
Feldbergstr. 11,
7742 St. Georgen.
W. Schulte, Schulweg 10,
7821 Eisenbach 2.

Österreich:
Bio-Quell, Lachbergweg 41,
4400 Steyr.
Ferdinand Wrulich,
Marienbadgasse 10,
9073 Klagenfurt-Viktring.

Schweiz:
W. Reist AG, »Zyliss«-Mühlen, 3000 Bern 23.
VITA SANA SA,
Cas. Post 21,
6932 Breganzona-Lugano.

Rezept- und Stichwortverzeichnis

EMPFEHLENSWERTE KOCHBÜCHER

Vollkorn-backbuch	von Marlis Weber. Über 100 erprobte Rezepte für Brote und Brötchen, Kuchen, Kleingebäcke, Pizzas und Toasts mit Vollkornmehl.
gesund & fit mit frischen Säften	von Marlis Weber. Vitaminreiche Säfte aus frischen Früchten, Gemüse und Kräutern. Ihre Wirkungsweise auf den Organismus und ihre Anwendung bei Fasten-Kuren, zu Heilzwecken, zur Entschlackung und zur Unterstützung einer Diät.
gesund & lecker	von Marlis Weber. Ein komplettes Kochbuch der gesunden Ernährung mit rund 400 Rezepten. Nährwertangaben bei jedem Rezept.
Die natürlichste Sache der Welt	von Marlis Weber und Dr. med. F. Brantner. Ärztlicher Rat, Gymnastik und die richtige ballaststoffreiche Ernährung für eine geregelte Verdauung.
Es muß nicht immer Fleisch sein	von Ursula Grüninger. Abwechslungsreiche Rezepte ohne Fleisch: Salate, Suppen, Eintopfgerichte, Aufläufe, Pfannengerichte, Toasts und Vollkorngebäck. Die delikate Alternative!
Das neue Rohkostbuch	von Lisa Mar. Köstliche Salate, raffinierte Soßen, bunte Platten, Säfte und Spezialitäten aus Früchten. Vitamin- und Würztabelle. Tips für die vitaminschonende Zubereitung.
Krebshilfe durch Vollwertkost	von Lisa Mar, Prof. Dr. med. H. O. Kleine und Dr. med. Karl Windstosser. Vollwertkost als natürliche Hilfe. 150 Antworten auf alle wichtigen Fragen. 187 Rezepte und viele Menüpläne.

HÄDECKE-Bücher für eine gesunde und vollwertige Ernährung erhalten Sie in jeder guten Buchhandlung und in vielen Reformhäusern. Sollte ein Buch nicht vorrätig sein, kann es Ihr Buchhändler schnell und problemlos besorgen. Ausführliche Informationen erhalten Sie vom

WALTER HÄDECKE VERLAG, Postfach 1203, 7252 Weil der Stadt